コロケーションの通時的研究

ひつじ研究叢書〈言語編〉

【第60巻】ドイツ語再帰構文の対照言語学的研究　大矢俊明 著
【第61巻】狂言台本とその言語事象の研究　小林賢次 著
【第62巻】結果構文研究の新視点　小野尚之 編
【第63巻】日本語形容詞の文法－標準語研究を超えて　工藤真由美 編
【第64巻】イメージ・スキーマに基づく格パターン構文－日本語の構文モデルとして　伊藤健人 著
【第66巻】日本語の文章理解過程における予測の型と機能　石黒圭 著
【第67巻】古代日本語時間表現の形態論的研究　鈴木泰 著
【第68巻】現代日本語とりたて詞の研究　沼田善子 著
【第69巻】日本語における聞き手の話者移行適格場の認知メカニズム　榎本美香 著
【第70巻】言葉と認知のメカニズム－山梨正明教授還暦記念論文集　児玉一宏・小山哲春 編
【第71巻】「ハル」敬語考－京都語の社会言語史　辻加代子 著
【第72巻】判定質問に対する返答－その形式と意味を結ぶ談話規則と推論　内田安伊子 著
【第73巻】現代日本語における蓋然性を表すモダリティ副詞の研究　杉村泰 著
【第74巻】コロケーションの通時的研究－英語・日本語研究の新たな試み　堀正広・浮網茂信・西村秀夫・小迫勝・前川喜久雄 著
【第80巻】結果構文のタイポロジー　小野尚之 編

ひつじ研究叢書〈言語編〉第74巻

コロケーションの通時的研究

英語・日本語研究の新たな試み

堀正広・浮網茂信・西村秀夫・
小迫勝・前川喜久雄 著

ひつじ書房

はしがき

本書は2007年5月18日(金)、青山学院大学(青山キャンパス)で開催された近代英語協会第24回大会のシンポジウム『コロケーションの通時的研究』(司会：堀正広、講師：西村秀夫、浮網茂信、堀正広)での発表原稿を基に、関連する論文数編を加えて刊行したものである。シンポジウムの目的は、コロケーション研究の新たな視点として通時的研究を提言することであった。

コロケーション研究は1951年にJ. R. Firthがコロケーション研究の必要性を唱えて以来、John Sinclair, Sidney Greenbaum, Michael Hoey, Susan Hunstonらによって現代英語のコロケーション研究が進められてきたが、これらの研究は、Firthが唱導してきたコロケーション研究の一部にすぎない。Firthは一般的な現代英語 のコロケーション研究だけでなく、詩や小説など文学作品のコロケーション研究、作家に特有のコロケーション研究、そして聖書などの異なったジャンルのコロケーション研究の必要性も唱えている。さらに、「歴史的な視点」のコロケーション研究、つまりコロケーションの通時的な研究に関してもその必要性を指摘した。しかし、Firthの指摘にもかかわらず、歴史的視点からのコロケーション研究はこれまでほとんど行なわれてこなかった。したがって、シンポジウムでは中期英語及び近代英語の特徴をコロケーションの通時的な側面から明らかにし、新たな英語史研究の可能性を提起した。

シンポジウムでは多くの方々から有益なご意見やご指摘をいただいた。それらを参考にさせていただいて、各執筆者は発表内容を大幅に修正・加筆した。さらに、通時的研究の可能性を広げるために英詩のコロケーションに関しては小迫勝氏、また日本語のコロケーションの通時的研究の可能性も視野に入れて国立国語研究所の前川喜久雄氏にも執筆をお願いした。

コロケーションを通時的な視点から見ていく研究に関するまとまった著作は国内外を問わず見られない。コロケーションの通時的研究が英語史研究の1つとして位置づけられる日がくることを願いつつ、このささやかな研究書を世に送り出したい。

本書の出版を快諾していただいたひつじ書房の社長松本功氏と編集の労を執っていただいた細間理美氏に衷心から感謝申し上げる。

2009年7月29日

堀　正広

目　次

第1章　コロケーションと英語史

堀　正広

1　コロケーション研究は英語史の問題か

本章では、使用するコーパスの略記号とコーパスの概要を説明し、コロケーション研究は英語史の問題となりうるかどうかという問題を形容詞 different のコロケーションを例に考えてみたい。

British National Corpus（BNC）

BNC は、書き言葉、話し言葉合わせて約1億語からなるイギリス英語コーパスである。第1章および第6章では小学館コーパスネットワークの BNC を利用している。小学館の BNC によると総語数は 111,173,004 語となっている。このコーパスは、可能な限り幅広く現代イギリス英語を代表するように設計され、1億語の内訳は約 90%が書き言葉、10%が話し言葉で、1985 年から 1990 年までに出版され、記録され、あるいは話されたテクストから集められている。フィクション（Imaginative）からは小学館コーパスネットワーク BNC によると 19,597,196 語が集められている。

Eighteenth-Century Fiction on CD-ROM（ECF）

18 世紀英国の代表的な作家 30 人の 77 作品を収録している。総語数は約 1,210 万語。（この総語数の計算に関しては第6章2節を参照のこと。）

Nineteenth-Century Fiction on CD-ROM（NCF）

19世紀英国の代表的な作家109人の250作品を収録している。総語数は約4,120万語。（この総語数の計算に関しては第6章2節を参照のこと。）
＊特に断りがない場合は、文学作品からの引用はECFとNCFからのものである。

Oxford English Dictionary Online（OED-Online）

Oxford English Dictionary on CD-ROM, 2nd Edition（OED2nd on CD-ROM）

次に、形容詞differentのコロケーションを例に英語史との問題を論じたい。下記の表は18世紀、19世紀、20世紀のフィクションの英語コーパスにおけるdifferentを修飾する副詞の頻度表である。

表1　differentを修飾する副詞の頻度表

No.	コロケーション	BNC (Imaginative)	NCF	ECF
	different	3933	6376	2163
1	very different	212 (5.3%)	1043 (16.3%)	276 (12.8%)
2	quite different	157 (4.0%)	138 (2.6%)	75 (3.5%)
3	completely different	50 (1.3%)	1 (0.0%)	0 (0%)
4	totally different	34 (0.9%)	76 (1.2%)	3 (0.1%)
5	entirely different	29 (0.7%)	40 (1.0%)	2 (0.1%)
6	slightly different	27 (0.7%)	3 (0.0%)	0 (0%)
7	rather different	23 (0.6%)	13 (0.3%)	0 (0.5%)
8	somewhat different	12 (0.3%)	30 (0.5%)	3 (0.1%)
9	significantly different	1 (0.0%)	0 (0%)	0 (0%)
10	radically different	1 (0.0%)	2 (0.0%)	0 (0%)

＊括弧内はdifferentの頻度数を分母にした場合のそれぞれの語とのコロケーションの割合である。

表1から言えることは、18世紀から20世紀にかけて、differentの修飾副詞はveryが最も多く、次にquiteである。ただ、veryがその時代に占める割合は、20世紀では18世紀や19世紀の半分以下となっている。18世紀から20世紀にかけて増加している副詞は、completely, slightly, ratherで

ある。significantly は 18 世紀から 20 世紀のフィクションでは different を修飾する副詞としては 1 度しか使われていないが、BNC 全体のコーパスでは significantly different は 274 回（0.6％）使われ、different を修飾する副詞としては 7 番目に位置する。radically も 19 世紀の小説に 2 度、20 世紀の小説において 1 度使われているだけだが、BNC 全体としては 187 回（0.4％）使用されている。19 世紀において増加した副詞としては totally, entirely, somewhat が見られる。

以上のような考察から、different を修飾する副詞は 18 世紀から 20 世紀にかけて、very different や quite different は一貫して最も頻繁に見られる一方で、新たに completely different, totally different, entirely different, slightly different, rather different, somewhat different が使われるようになり、時代の変化と共に多様性が見られるようになってきたと言うことができる。ただし、この問題をもっと分析的に行うにはコロケーション研究に相応しい統計処理を行う必要がある。

このような different を修飾する副詞に関して、時代の変化にも影響を受けない一貫性や時代の変化に伴う多様性の問題は英語史の中では、これまで扱われてこなかった。このような問題は英語史のどの研究領域に属するのであろうか。

英語史が扱う語学的研究分野として、一般的には次の 7 つの面が挙げられる。

（1）　音韻
　　各時代の音組織と音の変化。

（2）　綴り字
　　アルファベットの成立と正書法の確立。

（3）　語形
　　屈折語尾の単純化。

（4）　語彙
　　語形成や借入による語彙増大の歴史。

（5）　統語

各時代における語と語の結合関係とその変化。

（6）　意味

語源と語の意味変化の歴史。

（7）　方言

各時代の方言区分や方言の特徴。

これら7つの研究分野に英語史としてのコロケーション研究を追加する必要性を本書は唱える。つまり、次のような英語史が扱うコロケーション研究を提案する。

（8）　コロケーション

各時代における語と語の共起関係とその変化。

もちろん、コロケーションそのものの学問的な研究の必要性は、よく知られているようにロンドン学派の John Rupert Firth (1890–1960) が最初に唱えた。たとえば、1951年に *Essays and Studies* (The English Association) に発表され、その後 *Papers in Linguistics 1934–1951* (1957) に再録された論文 "Modes of Meaning" の中でコロケーション研究が記述言語学にどのような貢献をするかを Firth は次のように述べている。

> Just as phonetic, phonological, and grammatical forms well established and habitual in any close social group provide a basis for the mutual expectancies of words and sentences at those levels, and also the sharing of these common features, so also the study of the usual collocations of a particular literary form or genre or of a particular author makes possible a clearly defined and precisely stated contribution to what I have termed the spectrum of descriptive linguistics, which handles and states meaning by dispersing it in a range of techniques working at a series of levels. (Firth 1957: 195, 下線部筆者)

（親密な社会集団の中で習慣として確立している音声、音韻、ならびに文法上の形式が、それぞれのレベルでの語や文の相互期待関係[mutual expectancies]の基礎となり、また、上述のようなありふれた特色をその社会が共有する基礎となるが、まさにそれと同様に、特殊の文学形式やジャンル、あるいは特定作家の、通例のコロケーションの研究により、私が記述言語学のスペクトルと名付けたもの—それは意味を、一続きになったいろいろのレベルで作用する一連の種々の技法に分散することにより処理し陳述するものだが—に対する、明瞭に規定され正確に陳述されるような貢献が可能になる。）（大東百合子訳 1978：282）

このようなコロケーション研究においては、通時的な視点で見ていくことの必要性をも Firth は唱えている。

There are many more of the same kind throughout this work [Blake's *King Edward the Third*], and of course a large number of collocations which have been common property for long periods and are still current even in everyday colloquial. This method of approach makes two branches of stylistics stand out more clearly: (a) the stylistics of what persists in and through change, and (b) the stylistics of personal idiosyncrasies. (Firth 1957: 196, 下線部筆者)

（この作品全般［ブレイクの『エドワード三世王』］を通じて同種のものはさらに数多くあり、また長期間にわたって我々の共有財産となり、そして今なお日常の口語表現の中で通用している多数のコロケーションも、もちろんある。この接近法は文体論の2つの部門をいっそうはっきり際立たせる。(a)変化の中において、また変化を通じて存続するものの文体論、および(b)個人の特異性の文体論である。）（大東百合子訳 1978：283）

Firth が指摘している通時的なコロケーション研究には2つの面がある。

それは、時代の変化の中においても変わらないコロケーションの研究と個人作家の文体としてのコロケーションの研究である。しかし、音韻論、語彙論、統語論などの英語史の研究分野と同様にコロケーション研究を英語史の研究領域に位置づけると、次のようなコロケーションの問題をあげることができる。

（1） 各時代のコロケーションの記述
（2） 個々のコロケーションの変化の記述
（3） 時代の変化においても変わらないコロケーションの記述
（4） 個人やジャンルにおける特異なコロケーションの記述

したがって、本書は上記のような英語史としてのコロケーション研究の必要性と可能性を追求していく。

2 コロケーションの定義とコロケーションの 3 つの側面

Firth はコロケーションを "You shall know a word by the company it keeps." (1968:179) と言い、ある語の意味の一部は一緒に使われる語によって決まると考えた。その後、コンピュータを利用したコロケーション研究を可能にした John Sinclair は、コロケーションを次のように定義した。

> Collocation is the occurrence of two or more words within a short space of each other in a text. (1991: 170)

Sinclair らは、統計的に意味のあるコロケーション (significant collocates) に限定して、コンピュータによるコロケーションの検索を可能にした。このようなコロケーションは、"the statistical tendency of words to co-occur" (Hunston 2002: 12) と言うことになる。本書では、頻度による共起関係を記述する場合もあるが、Sinclair のような厳密な統計処理は行っていないので、コロケーションの定義は、「共起する傾向の強い語と語の関係」としておく。

通時的な視点からある語のコロケーションを論じる場合、次の 3 つの側面から論じることができる。

（1）　Lexical collocations（語彙的コロケーション）

（2）　Grammatical collocations（文法的コロケーション）

（3）　Semantic collocations（意味的コロケーション）

「語彙的コロケーション」は、ある語がどのような語と共起するのか、また共起する語の変化を探る。「文法的コロケーション」は、ある語がどのような文法的特性と共起するのか、または共起する文法的特性の変化を調査する。「意味的コロケーション」は、ある語がどのような意味領域と共起するのか、または共起する意味領域の変化を見ていく。さらには、ある共起する意味領域の語との関係で語そのものの意味が変化していく、意味変化の問題も扱う。

それでは、このような3つの面からどのような研究が実際に可能であるか例をあげて概観してみる。

3　Lexical collocations（collocates）（語彙的コロケーション）

前述の different を修飾する副詞の考察は different の 18 世紀から 20 世紀における語彙的コロケーションの通時的研究と言える。したがって、表1の結果から different の語彙的コロケーションは次のように結論づけることができる。

different と共起する副詞は、18 世紀から 20 世紀にかけて、時代の変化においても変わらない語彙的コロケーションは very と quite である。very がいずれの時代においても最も多く共起しているが、20 世紀においてはその割合は減少している。18 世紀から 20 世紀にかけて時代の変化と共に different と共起する新たな副詞として completely, totally, entirely, slightly, rather が使われるようになった。しかし、他方では full different, nicely different は現在では使われなくなった。

さらに、differentの新しい共起語や使われなくなった共起語に関しては、次のことが言える。

（1） コロケーション completely different は、BNC においては very different や quite different の次に多く見られるコロケーションであるが、OED-Online や ECF によると 18 世紀には 1 例も見られない。OED-Online では 1861 年が最初の例である。

（2） コロケーション totally different は 18 世紀後半から使われ始めたようである。OED-Online では 1794 年が最初の例であるが、ECF には 3 例あり、Laurence Sterne の *Tristram Shandy*（1760）が最初の例である。

（3） コロケーション entirely different は 18 世紀半ばから使われ始めたようで、OED-Online では 1756 年が最初の例であるが、ECF には 2 例あり、Henry Fielding の *Jonathan Wild*（1743）が最初の例である。

（4） コロケーション slightly different は 19 世紀前半から使われ始めたようである。OED-Online や ECF によると 18 世紀には 1 例も見られない。OED-Online では 1835 年が最初の例である。

（5） コロケーション rather different は 19 世半ばから使われ始めたようである。OED-Online や ECF によると 18 世紀には 1 例も見られない。OED-Online では 1857 年が最初の例である。

（6） コロケーション full different は OED-Online によると 1480 年頃と 1492 年に 2 例だけで、その後はない。very, exceedingly の意味で使われる、副詞の強意語としての full は OED-Online によると 1869 年が最終例となっているので、different 以外の強意語としては 15 世紀以降も使われ続けていた。

(7) コロケーション nicely different は OED-Online によると 1702 年と 1763 年頃の 2 例だけである。副詞としての nicely は 20 世紀まで使われている。

differentの語彙的コロケーションだけでも通時的な視点から調べると上記の

ような興味深い問題が浮かび上がってくる。

このようなことを考慮に入れると、通時的な語彙的コロケーション研究に関しては、次の4つの視点から考えていくことができる。

（1） 時代の変化の中で変化しないコロケーション

（2） 新たに生じたコロケーション

（3） 使われなくなったコロケーション

（4） 個人やジャンルにおいて好まれるコロケーション

4　Grammatical collocations（colligations）（文法的コロケーション）

語はある特定の文法的な特性、つまり文法的な位置や機能のもとで共起し、あるいは特定の文法的な特性を忌避する傾向がある。これを文法的なコロケーションという。この文法的なコロケーションも時代の変化の中で変わるものと変わらないもの、あるいは時代とともにある文法的なコロケーションの傾向が強まる場合がある。ここではinfinitelyの文法的なコロケーションの通時的変化を概観してみたい。

infinitelyはOEDによると語源はラテン語で古フランス語を経由して15世紀初頭に英語に入ってきている。OED2-CDは1413年の例を初例としてあげている。OED2-CDで調査すると初例のinfynytelyを含めたinfinitelyの用例は396例ある。表2はinfinitelyが修飾する語の品詞を50年ごとに区切ってその変遷を調査したものである。

表2が示すように、17世紀前半まではinfinitelyは主に動詞を修飾していた。しかしながら、17世紀後半からは形容詞や副詞を修飾する割合が高くなり、20世紀には約9割が形容詞や副詞と共起している。これは時代の変化とともにinfinitelyの文法的コロケーションの傾向がはっきりしてきていることを示している。

さらに、表3に見られるようにinfinitelyの文法的コロケーションはもっとはっきりとした傾向を示している。表3は、infinitelyが形容詞や副詞の比較

表 2　OED2-CD における infinitely が修飾する語の年代別の変遷

	形容詞・副詞	動詞	その他	合計
-1500	0 (0.0%)	2 (100.0%)	0 (0.0%)	2 (100%)
1501–1550	1 (100.0%)	0 (0.0%)	0 (0.0%)	1 (100%)
1551–1600	3 (23.1%)	10 (76.9%)	0 (0.0%)	13 (100%)
1601–1650	6 (25.0%)	17 (70.8%)	1 (4.2%)	24 (100%)
1651–1700	29 (51.8%)	27 (48.2%)	0 (0.0%)	56 (100%)
1701–1750	29 (55.8%)	19 (36.5%)	4 (7.7%)	52 (100%)
1751–1800	28 (77.8%)	7 (19.4%)	1 (2.8%)	36 (100%)
1801–1850	39 (70.9%)	13 (23.6%)	3 (5.5%)	55 (100%)
1851–1900	61 (77.2%)	16 (20.3%)	2 (2.5%)	79 (100%)
1901–1950	39 (88.6%)	5 (11.4%)	0 (0.0%)	44 (100%)
1951-	30 (88.2%)	3 (8.8%)	1 (2.9%)	34 (100%)
Total	265	119	12	396

＊パーセントは各時代における infinitely が修飾する語の品詞の割合を表している。

表 3　OED2-CD における infinitely が修飾する比較級の時代的変遷

	比較級との共起	“infinitely”	%
-1500	0	2	0.0
1501–1550	0	1	0.0
1551–1600	0	13	0.0
1601–1650	2	24	8.3
1651–1700	9	56	16.1
1701–1750	6	52	16.1
1751–1800	9	36	25.0
1801–1850	26	55	47.3
1851–1900	29	79	36.7
1901–1950	16	44	36.4
1951–1980	15	34	44.1
Total	113	396	28.5

＊パーセントは各時代における infinitely が修飾する形容詞や副詞の割合を表している。

級と共起している割合を示している。

infinitely が比較級を修飾した最初の例は、OED2-CD によると 1605 年の infinitely greater である。

1605 *Gunp. Plot* E2b, How *infinitely greater* cause haue wee to feele and ressent our selues of the smart of that wound.

表3によると、それ以降少しずつ増加し19世紀から20世紀にかけては約40%が比較級と共起している。これはinfinitelyの文法的コロケーションの通時的変化あるいは固定化といえる。

1985年から1990年までに出版され、記録され、あるいは話されたテクスト約1億語を集めたBNCで現在の英語の状況を調べてみた。小学館コーパスネットワークのBNCの共起検索で調査すると、総用例数565例のinfinitelyの直後に共起する上位10位までを占める語は次の11語である。

more (125), better (25), preferable (22), many (20), variable (15), worse (15), greater (14), long (13), large (11), small (10), varied (10)

上記の11語の中で、preferableを含めた比較級とのinfinitelyの共起は、565例中201例(35.6%)で、OED2-CDの結果とほぼ同じであると言える。

このような通時的視点からのinfinitelyの文法的なコロケーションの変遷の調査結果を踏まえて、通時的なコロケーション研究の1つである個別作家の特異性に関しては、19世紀英国の代表的な小説家Charles Dickens (1812–70)のinfinitelyのコロケーションをあげてみる。Dickensのほぼ全作品である約460万語中、infinitelyは80例見られる。そのうち形容詞や副詞の比較級と共起している例は62例で77.5%である。表3で示されているように、19世紀は約40%のinfinitelyが比較級と共起しているので、Dickensの高頻度の割合は、彼の特徴的な文法的コロケーションを示しているということができるであろう。

さらに、文法的コロケーションの通時的研究例として新井(1995)の形容詞busyの研究を紹介したい。新井自身は文法的コロケーションということばを全く使っていないが、研究内容は本書で言う文法的コロケーションの通時的研究の例としても考えることができるであろう。形容詞busyは“busy in –ing” から “busy –ing” へ歴史的には移行している。新井は OED2-CD から下記の表のような結果を得ている。

表 4　OED2-CD における形容詞 busy の文法的コロケーションの時代的変遷 1

	busy の総数	busy in –ing	busy –ing
1500–1549	40	0	0
1550–1599	91	0	0
1600–1649	107	11	2
1650–1699	71	8	1
1700–1749	75	9	1
1750–1799	98	9	4
1800–1849	143	6	26
1850–1899	233	5	41
1900–1945	134	1	31
1946-	170	0	35

新井は、引用例の数だけでは客観的な比較ができないので、同じ年代の時代区分の用例総数で割って 100 をかけ、全体に占めるそれぞれの用例の割合をパーセントで表した。次の表 5 のような結果になった。

表 5　OED2-CD における形容詞 busy の文法的コロケーションの時代的変遷 2

	busy in –ing	busy –ing
1500–1549	0	0
1550–1599	0	0
1600–1649	10	2
1650–1699	11	1
1700–1749	12	1
1750–1799	9	4
1800–1849	4	18
1850–1899	2	18
1900–1945	0	23
1946-	0	21

新井はその分析結果として次のように結論づけている。

「1600 年から 1700 年代まで主流を占めていた ‘busy in –ing’の用法は、

> 1700年代後半くらいから、それまで稀だった 'busy –ing' の用法に勢力を奪われはじめ、1800年代に入り取って代わられるようになった」(1995: 337)

これは通時的なコロケーションの視点からは、次のように説明できるかもしれない。

> busyの文法的なコロケーションとして、busyが–ing形と共起する場合、1600年から1700年代までは前置詞inがbusyの直後に共起していたが、19世紀以降はbusyと–ing形との共起は、busyの直後に–ing形が共起するように変化した。

5　Semantic collocations (semantic prosodies)（意味的コロケーション）

コロケーションは、習慣的にある語や文法的特性と共起関係にあるだけでなく、ある特定の意味、とくに好ましい意味あるいは好ましくない意味としか共起しない場合がある。その点に関してHoeyが次のように説明している。

> Every lexical item (or combination of lexical items) may be positively or negatively primed for occurring as part of a specific type of semantic or pragmatic relation or in a specific textual pattern (e.g. contrast, comparison, time sequence, cause-effect, exemplification, problem-solution). (2005: 122–123).

このような意味的コロケーションも時代とともに変わるものと変わらないものとがある。たとえば、utterlyはutterly confused, utterly meaninglessのように、意味的には好ましくない意味の語と共起する。OED2-CDにおける

utterlyの用例は945例あるが好ましい語と共起する例は1例もない。また、18世紀英国の代表的な作家30人の77作品を収録しているECFにもutterlyが好ましい形容詞を修飾している例はなく、19世紀英国の代表的な作家109人の250作品を収録しているNCFには、utterly convinced (Barry, 1887)の1例のみで他は好ましくない語との共起である。ところが、20世紀の英語コーパスであるBNCで調べてみるとutterlyが好ましい語と共起する例が複数見られる。utterly brilliant (4例)、utterly beautiful (3例)、utterly calm (3例)、utterly clear (3例)、utterly content (3例) などである。これは時代の変化と共にutterlyの意味的コロケーションもまた変化していることを示している。

次に、fixedlyの意味的なコロケーションの通時的な研究の可能性を考えてみたい。まず、fixedlyの動詞fixと分詞形容詞fixedのコロケーションを見てみる。動詞fixの基本的な意味は一般的には下記の5つにわけることができる。

fix (動詞)

1) (物理的に) 固定する

We fixed a tent with four pegs.

2) (物理的に) 修理する

He fixed his motorcycle by himself.

3) (物理的に) 見つめる、目や注意を注ぐ

His eyes were fixed on the picture.

4) (心理的) 決める、定める

Webster fixed English Spelling.

5) (心理的) 心に固定させる、記憶に留める。

I fixed the dates in my mind.

上記のように少なくとも動詞fixは5つの意味で使われる。

分詞形容詞fixedのコロケーションは下記のようになる。

fixed (分詞形容詞)
1) (物理的に) 固定した
a fixed bridge
3) (物理的に) 視線が固定して、動かない
with a fixed gaze
4) (心理的) 決めた、定めた
a fixed date
5) (心理的) 心に固定された、とらわれた
fixed idea

上記の動詞 fix の 5 つの意味のうち、2 番目の「修理をする」の分詞形容詞においては a fixed motorcycle* とは一般的には使わないので、形容詞 fixed は動詞 fix よりも collocability、つまりコロケーションの多様性は狭まったと言える。

では、副詞 fixedly はどうであろうか。BNC では fixedly は 65 例あるが、そのうち修飾される動詞や形容詞は 54 例あり頻度順に並べると次の語となる。

fixedly (65): staring (21), stared (13), gazed (4), looked (4), gazing (3), stare (2), carcass (1), gaze (1), holds (1), look (1), peered (1), stares (1), talking (1)

上記の結果に見るように、fixedly が修飾するのはほとんどが動詞で、動詞 fix の 5 つの意味の分類では、holds を除いてはすべて 3 番目の「視線を固定する」に関する意味で使われている。holds の 1 例は "holds fixedly to the belief that" で、「心理的に心に固定する」意味で使われている。したがって、fixedly は動詞 fix や分詞形容詞 fixed に比べて collocability は圧倒的に狭くなっていて、「見るという行為」を表す動詞と主に共起すると言える。

それでは、fixedly のコロケーションのこのような意味的コロケーションの

特性は最初から備わっていたものであろうか、あるいは時代の変化と共に固定化の方向へ推移していったのであろうか。これは通時的な視点からの意味的コロケーション研究の対象となるであろう。この研究は本書の第7章で詳細に論じられる。

6　意味的変化：*worship* と *honour* の場合

次に、意味的コロケーションの通時的な研究の例として、worship から honour への意味の移行をコロケーションの面から扱った Christopher McBride (1998) の "A Collocational Approach to Semantic Change: the Case of *worship* and *honour* in Malory and Spenser" を概観する。

本論文の要旨は次の通りである。後期中英語期において義務あるいは責任と関係ある社会的価値を示す名詞 worship は、初期近代英語の時代は honour で置き換えられることが多かった。McBride は、Malory の作品と Spenser の *The Faerie Queene* からの worship と honour のコロケーションのデータによって、この変化を明らかにし、worship と honour のコロケーションのデータに見られる意味上の範疇の違いは worship から honour への意味上の移行を示している。それはまた、その時代の義務あるいは責任に関する語彙体系の大きな再調整、あるいは組み替えの1つの現れであると結論づけている。つまり、地位から契約へ移行する支配的な社会のパラダイムの時代的変化によって引き起こされているとしている。

この論文の特徴の1つは、文学的意味論の実践 "exercise in literary semantics" つまり、言語学の助けを借りた文学的な分析の記述である。文学テクストにおけるある関連語の集団のコロケーションの研究は、語の意味的な変化の理解に役立つことを明らかにしている。

McBride は、15世紀の Malory の worship と16世紀の Spenser の honour の使い方の違いをコロケーションの違いから明らかにしている。たとえば、worship は help, succoure, shame と共起し、共同社会の恩恵について語っている。これは、worship が地位社会のなかでとらえられていることを示している。一方、honour は giving や receive と共起して物質のように個人に獲得されるもので、社会的な価値の worship とは対照的である。したがって、騎士は社会的な価値に従った行動によって worship を得ることができるが、honour は与える者の判断によって「与えられる」もので、唯一人の勝者をもつ。honour は個人の利益が中心的で、契約のパラダイムを強調していて、集団の利益は中心的なものではないことを示している。一方、worship は地位社会を反映させたものである。

この違いは、その時代における社会の歴史的な変化と呼応している。Malory と Spenser が生きた時代はちょうど社会的な価値観が地位中心の価値観から契約中心の価値観に変わる移行期であり、worship から honour への移行はもっと大きな語彙の集団の再配置の変化の一部であり、これは “from status to contract” の変化として特徴付けられる。このような社会的な変化は、worship と honour のコロケーションの分析からも明らかになっている。

本論文のもう１つの特徴は、コロケーションの調査方法である。McBride は、ある単語のコロケーションとはテクストの中で物理的に近くに現れるものと考えているが、分析の際には、physical method と discourse method の両方を用いた。physical　approach とは、Sinclair (1991) によって代表されるように機械的に検索されるコンコーダンスを用いたもので、discourse approach は、Burnley (1983: 79–84) に例示されるように、Halliday and Hasan (1976) の cohesion の考え方を援用した方法で、exophoric (テクスト外の cohesion) をも扱う方法でコンテクストを考慮に入れている。Sinclair のアプローチの利点は、量的な視点で、honour と worship に関して徹底的にデータを収集でき、データにいくつかの特徴的な patterns を見いだすことができる。Burnley のアプローチの利点は、テクスト解釈における基本的な語彙関係の問題点をうまく処理できるという点である。

このような文学性や社会変化を考慮に入れた研究においては単に量的なコロケーションのデータだけでは不十分である。その点では McBride のこの研究は英語史におけるコロケーション研究の可能性を広げる研究と言える。

7　コロケーションの通時的研究として考えられる他の研究

英語史の中ではコロケーションは、確立した研究分野としてはまだ認められていないが、これまででも本書で考えるコロケーションの通時的研究として見なすことができる研究はいろいろとなされている。次に代表的な研究を列挙している。なお、拙著『英語コロケーション研究入門』(2009)の第3章「コロケーションと英語史」では、コロケーションの通時的研究の必要性を別の角度から論じている。

A.　個別の作家や作品に見られるコロケーション研究

(1) Old English

Daunt, M. (1966) Some Modes of Anglo-Saxon Meaning. C. Bazell *et al.* (eds.) *In Memory of J. R. Firth*, pp. 66–78. London: Longman.

(2) Middle English

Masui, M. (1967) A Mode of Word-Meaning in Chaucer's Language of Love. 『英文学研究』(英文号) pp. 113–126. 日本英文学会.

Oizumi A. (1971) On Collocated Words in Chaucer's Translation of 'Le Livre de Mellibee et Prudence': A Stylistic Comparison of the English Translation with French Version.『英文学研究』48 (1) : 95–108. 日本英文学会.

Osberg, R. (1985) Collocation and Theme in the Middle English Lyric 'Foweles in þe frith. *Modern Language Quarterly* Vol. 46 (2) : pp. 115–127.

Shomura, T. (1977) Modes of Meaning of Chaucer's 'Noble storie'—A Collocational Approach.『熊本商大論集』50: 53-75.　熊本商科大学.

Takahashi, H. (1957) Verb-Adverb Combination in Chaucer's *Canterbury Tales*. 山本忠雄先生学士院賞受賞記念論文集刊行委員会編『英語英文学研究—山本忠雄先生学士院賞受賞記念』pp. 241–252. 研究社.

(3) Early Modern English

Fuami, S. (1997) *Essays on Shakespeare's Language: Language, Discourse and Text.* あぽろん社.

Fujii, T. (1965) Verb-Adverb Combination in Shakespeare's Language—An Approach to the Interpretations of Shakespeare's Language and Expressions—. *Anglica* 5 (5) : pp. 54–91.

Kosako, M. (1995) Some Historical Observations on Collocation of Noun plus Adjective in Rhyme Position of *The Faerie Queene.*『研究集録』100: 197–221. 岡山大学大学院教育学研究科.

Yamamoto, T. (1958) On Collocated Words in Shakespeare's Plays. *Anglica* 3, (3) : 17–29.

(4) Late Modern English

Adolphs, S. and R. Carter. (2002) Point of View and Semantic Prosodies in Virginia Woolf's *To the Lighthouse. Poetica*, 58: 7–20.

Hori, M. (2004) *Investigating Dickens' Style: A Collocational Analysis.* Basingstoke: Palgrave Macmillan.

Ito, H. (1993) Some Collocations of Adverbs in Richardson's *Clarissa Harlowe.*『近代英語研究』編集委員会編『近代英語の諸相—近代英語協会10周年記念論集』pp. 528–547. 英潮社.

B.　通時的な視点からのコロケーション研究

秋元実治編(1994)『コロケーションとイディオム—その形成と発達—』英潮社.

新井洋一(1995)「OED第2版CD-ROM版の言語コーパス的利用の諸問題」『英語英米文学』35: 317–338.　中央大学英米文学会.

新井洋一(1996)「近代英語における『従事』の意味を表す構造文の諸相」『英語コーパス研究』3: 1–26.

Brinton, L. J. and M. Akimoto. (eds.) (1999) *Collocational and Idiomatic Aspects of Composite Predicates in the History of English*. Amsterdam: John Benjamins.

Firth, J. R. (1957) Modes of Meaning. *Papers in Linguistics, 1934–51,* pp. 191–215. London: Oxford University Press.

McBride, C. (1998) A Collocational Approach to Semantic Change: the Case of *worship* and *honour* in Malory and Spenser. *Language and Literature*, 7 (1) : 5–19. London: SAGE Publications.

Nishimura, H. (2002) Degree Adverbs in the Corpus of Early English Correspondence Sampler. T. Saito, J. Nakamura and S. Yamazaki (eds.) *English Corpus Linguistics in Japan*, pp. 183–193. Amsterdam: Rodopi.

Partington, A. (1993) Corpus Evidence of Language Change: The Case of the Intensifier. M. Baker, G. Francis and E. Tognini-Bonelli (eds.) *Text and Technology: In Honour of John Sinclair*, pp. 177–192. Amsterdam: John Benjamins.

第2章　コロケーションと文法化

浮網茂信

1　コロケーションの通時的研究と文法化研究

コロケーションの通時的研究は、文法化研究と重なる部分が多い。言いかえると、コロケーションという具体的な表現の通時的変遷の中に文法化の過程をたどることができると言うこともできよう。そういう意味では、コロケーションの通時的研究において文法化の問題が深くかかわっていると言っても過言ではない。

2　文法化とは

「『文法化』とは、もともと内容語だったものが、次第に機能語としての文法的な特質、役割を担うようになる現象をいう」(河上 1996: 179–180)。別の言い方をすると、「文法化は一般的に言って、開かれたクラスの語彙項目が閉じられたクラスの文法的要素に変化する過程を言う」(秋元 2001: 1) となる。文法化研究には通時的 (歴史的) 研究と共時的研究が考えられ、前者が文法形式の源を探るとともに、語彙項目や構文が文法的特質を担うようになる変化の過程を明らかにすることであるのに対して、後者は文法化を談話との関わりで言語使用の流動的な様式という視点からみようとするものである (Hopper and Traugott 2003: 2 参照)。

英語における文法化の有名な例として、語彙動詞 go が未来時制をあらわすのに使われる助動詞へと移行してゆくようすを Heine *et al.* (1991: 175 ff.)

および Hopper and Traugott (1993: 1 ff.) に言及しつつ明快に示しているのは、Ungerer and Schmid (1996: 255–256) である。彼らの説明にそって、以下の例でその内容をみてみよう。

(1) a. Susan**'s going** to London next month.
b. She**'s going** to London to work at our office.
c. She**'s going** to work at our office.
d. You**'re going** to like her.
e. You**'re gonna** like her.
f. You **gonna** like her. (非標準)

最初の (1a) の段階とその次の (1b) の段階で go は方向の副詞をともなった移動の動詞として使われている。(1b) には目的の副詞句が付け加わっている点が異なる。(1c) では方向の副詞が落ち、将来実現化される予定の主語の意図に意味の焦点があるという意味で、この文が転換点を示している。(1d) は、その主語が行為の動作主ではなく、ある態度 (この場合スーザンに対する愛情) の経験者になっているという意味で (1c) からさらに一歩踏み込んだ文となり、going to の意味はもはや意図ではなく現在の状況をもとにした予想のようなものである。(1e) と (1f) では、その意味は (1d) とほとんど変わらないが、音韻変化 (gonna) が起こっており、それは going to が文法形式に移行したことの根拠になる。

この文法化の現象は、その変化の過程を通時的 (歴史的) に観察することができると同時に、(1a) から (1f) までの表現は現代英語でも使われており、それらの表現を共時的に観察することもできる。ここでの要点は、「共時的に観察される文法構造は通時的な文法化の結果であり、共時的な文法構造も通時的観察によって最もよく説明されると考える」(宮下 2006: 24) ところである。この点は、文法化の定義およびその特徴の中にもみることができる。

「文法化」という用語を最初に使ったと言われるフランスの言語学者 Antoine Meillet (1866–1936) によると、その意味は「自立語が文法機能を担っていくようになる変化」(Meillet 1912: 133; Ungerer and Schmid 1996: 255; 詳しくは Hopper and Traugott 2003: 21–25; 秋元 2001: 1; 秋元・保坂 2005: 28–30 を参照）ということである。以下に最近の文法化の定義および特徴をあげてみよう。（下線は筆者による。）

○　語が時間的経過に伴い、新しい文法的・形態統語形式の立場を獲得する一方向のプロセス（Traugott and König 1991: 189）。

○　文法化とは、それまで文法の一部ではなかった形が、歴史的変化の中で文法体系（形態論・統語論）に組み込まれるプロセスである。（中略）自立性をもった語彙項目が付属語となって、文法機能をになうようになる変化が、典型的な文法化である。（中略）ここでは、通時的変化の結果と考えられるものに限って文法化と呼ぶ（大堀 2004: 26）

○　文法化は経験的な現象であり、歴史的に考察されるものであり、より厳密な意味では、何にもまして通時的な過程である（Fischer and Rosenbach 2000: 2, 8）

○　文法化研究の特徴の１つとしてあげられることは、１つの変化の方向性を示すと共に、各時代を縦断する形で、いわばマクロ的に変遷過程を述べることである。（秋元 2002: 232）

○　文法化には共時的側面と通時的側面の両方があるが、その基盤は本質的に通時的である（Heine 2003: 575）

こうした文法化および文法化研究の主たる特徴は、通時的（歴史的）変化という点にある。Hopper and Traugott（2003: 2）は、その著書の初版（1993: 2）で「両視点の１つ（one of these）」として紹介した歴史的視点の説明文を「主要な視点（the chief perspective）」と書きかえて、文法化研究における歴史的視点の重要性を再確認している。

文法化において重要な視点は「通時的(歴史的)」な視点であり、これはコロケーションの通時的研究と共有の視点である。

3 文法化におけるコロケーションの通時的研究の位置づけ

3.1 コロケーションの役割

Hopper and Traugott (2003: 35–38) は、近年の文法化研究において特に目立つ動向は文法化をいわゆる 'usage-based' structure の概念と統合しようとする研究であることを指摘している。具体例の 1 つは Bybee and Hopper (eds.) (2001) であり、そこに掲載された論文の多くが言語形式の頻度と並置構造を言語変化を引き起こす仕組みとして考察している。特に具体的な言語形式のコロケーションや具体的な語彙項目の構造に着目している点を指摘している。こうした近年の動向について、Hopper and Traugott (2003: 35) は次のように述べている。

> One outcome of this direction has been a tendency to see grammaticalization (and grammar) in terms of collocations of specific items rather than generalized changes, in other words to identify the possible beginnings as well as the ends of grammatical constructions.

近年の文法化研究におけるコロケーションの重要性は、特に具体的な文法構造の開始時期や完成時期の特定に果たす役割にある。

3.2 コロケーションへの言及

このことに関連して、go の文法化の過程を示した (1a) から (1d) を再度検討してみよう。

(1) a. Susan's **going** to London next month.

b. She**'s going** to London to work at our office.

c. She**'s going** to work at our office.

d. You**'re going** to like her.

(1a) と (1b) の段階で移動の動詞として使われていた go が文法化してゆく過程において (1c) がその転換点になって、さらに (1d) の段階に進んでゆくというのが Ungerer and Schmid (1996: 256) の説明であった。その際、コロケーションとの関連で重要な指摘は文法化の転換点となる (1c) において、(1a) と (1b) の方向の副詞句 (to London) が落ちているという点である。これは、go が文法化してゆく過程において、移動の動詞 go と方向の副詞 (句) とのコロケーションが深く関わっているということでもある。

秋元 (1994: 15) は、古期英語から現代英語にいたる 'do'のコロケーションに触れて、「一般動詞としての 'do'のコロケーションは 'do'の助動詞化の発展と関係があるように思われる」と述べている。また、フランス語の否定辞 (pas, point, mie, gote, amende, areste, beloce, eschalope) が最終的に現在では pas のみが使われるにいたる、「その選択過程は談話内での頻度およびコロケーションなどが関係していると考えられ」るとも述べている (秋元 2004: 10)。

文法化とコロケーションの関係を端的に示しているのは Partington (1993) である。Partington (1993: 183) は、強意語の脱語彙化とコロケーションの様式の間に相関関係を認め、「強意語が脱語彙化すればするほど、それはより多くの語とコロケートする」傾向があると述べている。(詳しくは、本書第 3 章の 4 節を参照されたい。)

Adamson (1998: 146) は、現在進行形の文法化と文体的選択の問題を論じてコロケーションに触れている。現在進行形について、現在進行相を表わす標準形が現在形であった 1600 年頃と 1800 年頃との違いが、その文法化の度合いにみられて、1600 年頃には動詞の進行形に「今」を表す副詞表現とのコロケーションがみられるのに対して、1800 年頃までに副詞表現は必要でなくなり、動詞の進行形のみで現在進行相が表現されるようになって、現在進行形は「文法化」したということである。

3.3 頻度（frequency）の問題

秋元・保坂（2005: 9–11）は、Hopper and Traugott（1993）にはなかったがその第2版（2003: 126–130）でとりあげられた項目として頻度（性）（frequency）を指摘し、頻度の問題を3つに分けて述べていると言う。その第1の頻度の効果（frequency effects）には2つあり、それは頻度が高いほど浸食が進みI'll, won'tのような縮約形が生じるという還元効果（reduction effect）と、good/better, go/wentやbeの変化形の保存などにみられる保存効果（conservation effect）である。第2に、共時的研究では頻度が文法的ステータスに向かって動く可能性のある表現を探すために利用されることがある。たとえば、文法化して談話標識になっていくthoughの研究例において、(1)談話標識の例が11%、(2)譲歩の用法が14%、(3)その間のグレーゾーンの例が63%というデータが示されたこと（Barth-Weingarten and Couper-Kuhlen 2002; Hopper and Traugott 2003: 129）に言及している。第3番目の通時的研究においては、こうした頻度にもとづく研究は時間が経つにつれてある構文の頻度が増えることが文法化の一応の証拠になり得る（秋元・保坂 2005: 10）ばかりではなく、文法化の主たる誘因にもなる（'a primary contributor to the process, an active force in instigating the changes'（Bybee 2003: 602））ということも前提にしている。

本書における「コロケーション」の基本的定義は、「共起する傾向の強い語と語の関係」（本書第1章、2節）である。Sinclairのような厳密な統計処理は行っていないとは言え、「共起する傾向が強い」かどうかは頻度による共起関係を根拠とする場合が多い。通時的な視点からある語のコロケーションを論じる場合、語彙的（lexical）、文法的（grammatical）、意味的（semantic）の3つの側面から論じることができる（本書第1章、2節）が、それぞれの具体的な分析においてコロケーションの頻度は重要な要因になっている（本書第1章、3節以降）。ただし、コロケーションの通時的研究においては、ある語とのコロケーションの「頻度が増える」ことは別の語との「頻度が減る」ことも視野に入っており、「頻度の増減」の変遷が重要になると言えよう。busy in -ingからbusy -ingへの変遷について通時的コロケーションの視点からの次の説明はその1例である。

> busy が –ing 形と共起する場合、1600 年から 1700 年代までは前置詞 in が busy の直後に共起していたが、19 世紀以降は busy と –ing 形との共起は、busy の直後に –ing 形が共起するように変化した。（本書第1章、4節）

3.4　談話標識とコロケーション

文法化の典型的な例として論じられてきたのは、談話標識（discourse markers/pragmatic markers）の発達である（Brinton 1996; Hopper & Traugott 2003: 37 参照）。近年関心の高い談話標識の通時的研究は「文法化」（grammaticalization）の現象としてとりあげられることが多いが、そうした研究の言語資料の中にもコロケーションへの言及およびその変遷をみることができる。次の例は、look の文法化の現象を通時的にたどった資料にみられる look とそのコロケーションの例である。

（2）a.　Why, look you **there**, look how it steals away?　（*Hamlet* 3.4.134）
　　Look you **here**, Here is himself, marr'd as you see with traitors.
　　（*Julius Caesar* 3.2.196–97）
　b.　Look you, **sir, here** is the hand and seal of the Duke
　　（*Measure for Measure* 4.2.191–92）
　　Look you, **sir, here** comes your ghostly father. Do we jest now, think you?　（*Measure for Measure* 4.3.48–49）
　　（福元 2006: 4.3.1. "see"）

（3）a.　lookee/look'ee **here**
　b.　look'ee **Pip**
　c.　lookee **here, old chap** / look'ee **here, Pip's comrade**
　　（今林 2006：「I. 19 世紀における *look*-forms」；Imahayashi 2007）

(2) はシェイクスピア劇にみられる 'see'の意味で使われた look の例であり、(2a) は韻文、(2b) は散文の例である。ここでは、look you の固定した形式とともに (2a) の例では there, here と、(2b) では here に加えて呼びかけ語 sir とのコロケーションがみられる。(3) はディケンズ (Charles Dickens 1812–70) の lookee あるいは look'ee と here および呼びかけ語とのコロケーションの例である。この (2) と (3) の例はそれぞれシェイクスピアの語彙的意味の look とディケンズの談話標識 look のコロケーションを示したものであるが、look と here および呼びかけ語とのコロケーションが、時代と用法は異なっても両者の間で共通している。これは、look がその語彙的用法から談話標識用法へと文法化してゆく過程においてコロケーションが深く関与していることを示していると言えないであろうか。つまり、シェイクスピア時代の語彙的意味の look が here や呼びかけ語と共に頻繁に使われるようになり、そのコロケーションを保持した状態でディケンズの談話標識としての look へと発達していったと推測できる。look の語彙的用法から談話標識用法の発達、つまりその文法化のあとをコロケーションの中にたどることができるということでもある。これは、コロケーションが談話標識の発達をたどる際の形式上の根拠になり得るということではなかろうか。

次はシェイクスピアの prithee の例であるが、同様にコロケーションの視点からみると非常に興味深い例である。

(4) a. **Prithee** now say **you** will, and go about it. (*Coriolanus* 3.2.97)

b. Now forward with **your** tale. **Prithee** stand further off. (*Tempest* 3.2.83–84)

(Busse 2000, quoted in Jucker 2002: 225; Busse 2002; 福元 2006: 6.2)

prithee は pray thee から音的短縮をへて談話標識として使われるようになったものであり、もとは thou/thee の文脈で使われたものであるが、ここではそれが you の文脈に使われている。単数二人称代名詞 thee をとり込んだ prithee が you とのコロケーションで現われており、それは thee がその語彙的意味を完全に失ったことを明示している。いわゆる「文法化」の定着の度合いがコロケーションの点から検証できる例であると言えよう。

ここでの要点は、談話標識の発達および用法の理解にコロケーションの視点が有効であるということであるが、通時的（歴史的）文法化研究におけるコロケーションの位置づけの一端をみることはできよう。（詳しくは、本書第4章、3節および4.2節を参照されたい。）

3.5　コロケーション、イディオム、文法化

以上、コロケーションを文法化との関連で概観したが、さらにイディオム化の問題もコロケーションおよび文法化と関連して視野に入れておくべきであろう。本書のテーマである「コロケーションの通時的研究」との関連でまとめるところにまではいたらなかったが、この点については秋元編（1994）、秋元（2002）、秋元他（2004）、秋元・保坂（2005）などに詳しい。

イディオム化を秋元（2005: 40）は、Akimoto（1995: 588）を引用して次のように規定している。

> ... the process of finding the pattern and assigning a new meaning which cannot be adduced from the constituents.

イディオムとは、その構成要素の総和からその意味が出てこないような、語の結合からなる言語形式である。一方、コロケーションはよりゆるやかな語のつながりであり、その構成要素から意味を導きだすことができる。

秋元（1994: 3）によると、コロケーションとイディオムは次のような特徴を持つ。

	結合上の制限	意味の解読	2つの意味	生産性
コロケーション	有	可	無	ある程度ある
イディオム	有	不可	有	ある程度ある

イディオム化と文法化との関係は必ずしも明確ではないと言われる（秋元

2005: 40) が、複合前置詞の instead of では主観化の方向に沿っての変化がみられ、次のような流れが観察される (秋元 2005: 47–48) ということである。

in the stead of	→	instead of	→	instead
(前置詞句)		(複合前置詞)		(接続の談話標識)

2つ以上の語がまとまって、ひとかたまりととらえられるようになり頻度も増して定着し文法化すると単純に考えると、「コロケーション → イディオム化」または「コロケーション → 文法化」という大まかな流れを予測することができ、コロケーションはイディオム化の過程においても深くかかわっていると考えられる。この点の議論にここで立ち入るつもりはないが、本書で扱うコロケーションはイディオム化の前段階または文法化の要因としてのコロケーションに限定するものではない。基本的定義は「共起する傾向の強い語と語の関係」(本書第1章、2節) ということであり、それは文法的規則による語と語の配列からイディオム化または文法化した項目とのコロケーションをも広く含むものであると想定している。複合動詞 make a friend of の前置詞が通時的に of → to → with と結合するようになった例 (秋元 2005: 48–49) や look you と here、prithee と you、well と呼びかけ語や I will との関係などをも参照されたい。

4　まとめ

以上、コロケーションの通時的研究と文法化研究は重なる部分が多いことと文法化研究におけるコロケーションの果たす役割について次の諸点を指摘した。

(1)　文法化における重要な視点は「通時的 (歴史的)」な視点であり、それはコロケーションの通時的視点と共有の視点である。
(2)　近年の文法化研究において特に目立つ動向は文法化を 'usage-based'

structure との関連でとらえようとする傾向であり、それは具体的言語項目のコロケーションの観点から文法構造の開始時期と完成時期を特定しようとするものである。

(3) 近年の文法化研究におけるコロケーションへの言及は次のような項目にみられる。一般動詞 do の助動詞化、フランス語の否定辞 pas の選択、強意語の脱語彙化、現在進行形の発達。

(4) 近年の文法化研究において頻度は、その効果の面においてと同時に、共時的研究および通時的研究においても重要な要因となる。コロケーションの通時的研究においては頻度の増減を含むその変遷が重要になる。

(5) 文法化の典型的な例として論じられることが多い談話標識の通時的研究に関わる言語資料の中にも、コロケーションの現象とその変遷をたどることができる。

(6) 本書で扱うコロケーションは、イディオム化や文法化の要因としてのコロケーションにかぎるものではなく、それらの全過程でのコロケーションを想定している。

以上は、コロケーションという具体的な 'usage-based' structure の中に文法化の過程をたどり、それが文法化の開始時期と完成時期を特定する際にも重要な役割を果たす可能性が大きいということでもある。

第 3 章　強意副詞 very の発達

西村秀夫

1　はじめに

現代日本語のいわゆる「若者言葉」をかいま見れば、強意語の入れ替わりの速さを実感することができる。語彙体系の中に定着するものは比較的少数で、大半は短命に終わる。試みに勤務先の学生約 50 名に対して「非常に腹が立った」「とてもおもしろい」「ひどく落ち込んでいる」という強意語を含む文を提示し、日常的に（友人同士のレベルで）使う表現に言い換えさせたところ、「めっちゃ（むっちゃ）」を含む表現を回答する学生が圧倒的に多かった。他には「ばり、ごっつい」が少数ながら見られた。「ぶち」もあったが、これは広島県と山口県出身の学生に限られた。勤務先の所在地、学生の出身地などの地理的な要因も考慮しなければならないが、今から約 10 年前に流行した「チョベリバ<チョーベリーバッド（very bad）」などで用いられた「チョー（超）」を用いた回答が 1 件だけであったことは象徴的である。

次に現代英語の強意語に目を向けてみよう。Biber *et al.*（1999: 565 Table 7.12）は彼らの依拠するコーパス（英米語の会話、学術的散文）で検索された強意語の分布を示している。そのうち 5 位までを表 1 に示す（●は 50 を意味し、100 万語あたりの出現率を表す）。

表 1　現代英語の強意語

	BrE CONV	AmE CONV	ACAD
very	●●●●●●●●●● ●●●●●●	●●●●●●●●●● ●●	●●●●●●●●●● ●●
so	●●●●●●●●●● ●●	●●●●●●●●●● ●●●●●●●●	●●●●●
really	●●●●●●●	●●●●●●●●●● ●●	
too	●●●●●●	●●●●●●	●●
real	●	●●●●●●	

—Biber *et al.* (1999: 565 Table 7.12) より抜粋

AmE CONV で very よりも so の出現率が高いが、この表からは今日の英語では強意語として very がふつうであるという印象を受けるであろう。しかしながら、使用者の年齢層、英語の変種 (variety)、使用域 (register) などを考慮に入れた精密な調査からは異なった結果が見えてくる。たとえば、13 歳から 17 歳までの少年少女の話し言葉約 50 万語を集成した COLT (The Bergen Corpus of London Teenage Language) を調査した Stenström (1999) は、形容詞と共起する very の頻度が 407 例であったのに対し、形容詞の前に置かれる really の頻度は 659 例であったことを報告している。また Lorenz (2002) は、COLT において形容詞の強意語として用いられる really の割合は、BNC のそれよりもはるかに高いことを指摘している。Bauer and Bauer (2002), Ito and Tagliamonte (2003), Tagliamonte and Roberts (2005), Tagliamonte (2008) らの研究は、他の地域変種についても同様に、若い世代においては really が very を凌駕する傾向が見られることを明らかにしている。

強意語の消長については Bolinger (1972: 18) が次のように指摘している。

> Degree words afford a picture of fevered invention and competition that would be hard to come by elsewhere, for in their nature they are unsettled. They are the chief means of emphasis for speakers for whom all means of emphasis quickly grow stale and need to be replaced.

Quirk *et al.* (1985: 590) は、程度を表す副詞を強意詞 (intensifier) と名づけ、尺度上に想定された標準 (norm) から上に向かう増幅詞 (amplifier) と、下に向かう緩和詞 (downtoner) に大別している。さらに前者を、尺度の最上限を示す極大詞 (maximizer) と、尺度上の高い地点を示す増強詞 (booster) に分類した上で、Bolinger とほぼ同様のことを述べている [1]。

> Both subsets [= maximizers and boosters], but especially boosters, form open classes, and new expressions are frequently created to replace older ones whose impact follows the trend of hyperbole in rapidly growing ineffectual.

Hopper and Traugott (2003: 122) は、現在ある意味が新しい形を持つプロセス (a process whereby existing meanings may take on new forms) である再新化 (renewal) [2] と関連づけて、強意副詞について次のように述べている。

> Intensifiers are especially subject to renewal, presumably because of their markedly emotional function. They are unusual in undergoing renewal especially frequently.

Bolinger, Quirk *et al.*, Hopper and Traugott に共通しているのは、強意語は繰り返し使われることで当初の新鮮さ、力強さが失われ、新たな強意語に取って代わられるという考え方である。この考え方は広く受け入れられているようであるが、今日の英語でふつうに用いられている very が、他の語に完全に取って代わられることなく、500 年以上もの間定着してきたのはなぜかという素朴な疑問が残る。

ここで用語の整理をしておきたい。程度を表す副詞にはこれまで degree adverb, degree modifier, intensifier, intensive などの名称が与えられてきている。またその下位分類も学者によってさまざまである。本章では Quirk *et al.* (1985: 590) が増幅詞 (amplifier) に分類するものを intensifier と捉え、「強意副詞」という訳語を与えることにする。

2 強意副詞研究史

強意副詞の研究史を振り返るとき、大きく2つの山があることに気づく。1つは20世紀初頭から半ばにかけての記述的な研究で、Stoffel (1901), Borst (1902), Heuer (1932), Fettig (1934), Kirchner (1955) がその代表である。これらの研究に共通する特徴は、副詞のリストを提示し、それぞれについて豊富な用例を与えていることである。もう1つの山は、文法化研究、コーパス言語学、社会言語学の進展の流れの中で現れた最近の研究である。筆者の目に留まったものだけでも、Adamson (2000), Bauer and Bauer (2002), Buchstaller and Traugott (2006), González-Díaz (2008), Ito and Tagliamonte (2003), Lenker (2008), Lorenz (1994, 2002), Macaulay (2002), Méndez-Naya (2003, 2008), Nevalainen (1994, 1996, 2008), Nevalainen and Rissanen (2002), Paradis (1997, 2000, 2008), Partington (1993), Peters (1993, 1994), Rickford *et al.* (2007), Rissanen (2008), Stenström (1999, 2000), Tagliamonte (2008), Tagliamonte and Ito (2002), Tagliamonte and Roberts (2005) などがある。これらの研究に共通する特徴は、少数の強意副詞を取り上げ、その成立過程、消長、出現状況などを精密に検討している点にある。

両者は決して無関係、あるいは相反するものではない。前者の記述的な研究においても程度の差こそあれ強意副詞の成立のプロセスに関する考察がある。また、後者の多くが引用文献に Stoffel (1901) を含めていることは、この著作が今日の強意副詞研究の出発点と位置づけられていることを示している。

Traugott (2006: 335–336) は Stoffel (1901) の主要な論点を次の6つにまとめている。

(a) many of these [= intensives and downtoners] were derived from adjectives 〔強意副詞の由来〕

(b)　intensives typically underwent semantic weakening from expressions of completeness of degree to high degree of quality, and occasionally low degree 〔意味の弱化〕

(c)　some intensives were extended from word modifiers to phrasal modifiers 〔語修飾から句修飾への拡張〕

(d)　in these extended meanings the forms came to be weakly stressed 〔音声的弱化〕

(e)　in these extended meanings the forms usually occupied syntactically different slots from their word modifying variants 〔統語スロットの変化〕

(f)　in these extended meaning the forms were modalized, and subjectified, i.e. expressed speaker evaluation of the proposition 〔命題に対する話者の評価〕

Traugott は引き続いて次のような評価を下す。

> For its time, this was a highly insightful study, but it now seems to touch only the surface of some additional, very complex issues, absent the kinds of theoretical distinctions that have been developed over the last hundred years in syntax, semantics, and pragmatics, absent extensive corpora, absent tradition of studying semantic change in discourse context, and absent a theory of semantic change arising out of speakers implicating meaning rhetorically and hearers inferring (or failing to infer) these meanings.

Traugott のこの評言は、近年の言語（理論）研究の広がり、深まりの中で、新たな視点からの強意副詞研究の必要性を表明したものと言えるであろう。

本章では、コンピューターコーパスを利用し、最近の文法化研究の成果を取り入れながら、強意副詞 very の成立と発達のプロセスを、特に共起語（コロケーション）の観点から考察する。

3 強意副詞の消長概観

Tagliamonte (2008: 390) は、Mustanoja (1960: 316–328) の記述、および最近の英語における強意副詞の状況に関する自らの調査結果に基づき、強意副詞の消長の様子を表2のように示している。

表2 強意副詞の消長概観

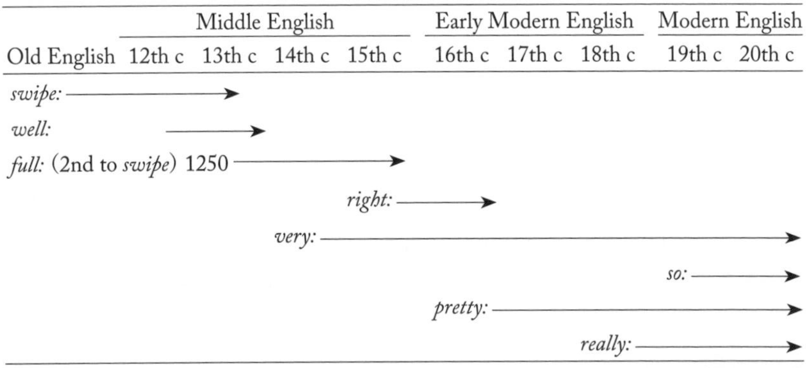
Middle English
Early Modern English
Modern English
Old English
12th c
13th c
14th c
15th c
16th c
17th c
18th c
19th c
20th c
swiþe:
well:
full: (2nd to *swiþe*) 1250
right:
very:
so:
pretty:
really:

—Tagliamonte (2008: 390)

以下、この表の元となった Mustanoja の記述を参照しておきたい。

swiþe:

From OE *swiþ* 'strong.' In the meaning 'extremely, very much, very' this adverb is the most popular intensifier of adjectives, adverbs, and verbs in OE and early ME. The form *swithely* is rare. About 1250, however, *swiþe* begins to give way to other intensifying adverbs, notably, *full*, *well*, and *right*, in connection with adjectives and adverbs, and to *much* and *greatly* in connection with verbs. In the second half of the 14th century *swithe* is occasionally found, and after 1450 it is no longer recorded as an intensifying adverb. (325)

(古英語期から初期中英語期にかけて、形容詞、副詞、および動詞を修飾する、もっともふつうの強意副詞であったが、1250年ごろから他の副詞に取って代わられ始めた。)

well:

Well has occurred as an intensifying adverb of degree since OE. In ME it is remarkably popular as an adjective and adverb intensifier. In the South and S Midlands it becomes the most common intensifying adverb after *swithe* begins to lose ground (after the middle of the 13th century), but has to give way to *full* and *right* in the second half of the 14th century. In the 15th century it is seldom used outside combinations like *wel worth*, *wel war*, *wel content* and *wel nigh*. (327)

(古英語期以来強意副詞として用いられ、中英語期に著しく増加した。swithe が衰退し始めてからは、形容詞、副詞を修飾する強意副詞として、南部および南部ミッドランド地方でもっともふつうに用いられるようになったが、14世紀後半には full や right に取って代わられた。15世紀に入ると wel worth, wel war, wel content, wel nigh など特定の表現以外で用いられることはまれになった。)

full:

In the meanings 'completely, fully, very' *full* is popular even in OE. It is used to intensify numerals, adjectives, and adverbs, being second only to *swiþe* in popularity. This is the case also in Early ME, down to c1250. From 1250 on *full* is the prevailing intensifier of adjectives and adverbs in the North and the N Midlands, and a century later all over the country. (319)

In the 15th century intensifying *full* continues to be popular, although the competition of *right* somewhat diminished its use. *Full* is still quite common in the 16th century, although in the second half of it *very* occurs much more frequently. Shakespeare makes considerable use of *full*, but in the 17th century it is regarded as an archaism. (320)

(古英語から初期中英語期にかけて swiþe に次いで用いられた強意副

詞で、数詞、形容詞、副詞を修飾した。1250年ごろ以降、北部および北部ミッドランド地方で形容詞、副詞を修飾する強意副詞として勢力を伸ばし、その1世紀後には全国的に広がった。

15世紀に入っても引き続き用いられたが、right が用いられるようになり、full の使用は減少し始めた。)

right:

In early ME *right* is not much used as an intensifying adverb by writers other than Orm, but becomes more and more common as an adjectival intensifier, and in the 15th century it is second only to *full* in popularity. In some texts, like the Gesta Romanorum, the Paston Letters, and Caxton's writings, it occurs even more frequently than *full*. In the 16th century, it has to give way to *very*. (323–324)

(初期中英語期には強意副詞として right が用いられることは多くなかったが、形容詞の修飾語として用いられるようになり、15世紀には full に次いで用いられるようになる。『ゲスタ・ロマノールム』、『パストン家書簡集』、キャクストンの著作などでは full をしのぐが、16世紀に入ると very に取って代わられる。)

very:

In the 15th century *very* is not uncommon as an intensifying adverb of degree. In the earlier part of the 16th century it is common, and in the second half it eclipses the other popular adjective and adverb intensifiers (*full*, *right*, and *much*). (327)

(15世紀、very はすでに強意副詞として用いられていた。16世紀初めに一般的になり、16世紀後半には、形容詞、副詞を修飾する他の強意副詞をしのいだ。)

Mustanoja の記述は明快ではあるが、問題がないわけではない。Mustanoja

の記述の元になったのは Fettig (1934) であり、Mustanoja はその内容を極度に圧縮した形で提示したものである。

中英語期における程度副詞 (Gradadverbien —強意副詞 Intensiva と制限副詞 Restriktiva の両方を含む) の包括的な研究書である Fetting (1934) は、中英語期を 1) 1100–1250, 2) 1250–1350, 3) 1350–1400, 4) 1400–1470 の 4 つの時期に区分し、それぞれの時期について、方言区分 (中部、南部、北部 ; イングランド、スコットランド) に配慮しながら、主要な文献を対象に程度副詞の出現状況を調査している。Fettig のこの手法は、今日の史的汎用コンピューターコーパスのコーパスデザインを先取りするものではあるが、同書の巻末 (214–219) に掲載された調査対象テクストのリストを仔細に検討すればその限界も明らかになる。すなわち、(「中世イギリス文学史」で取り上げられることが多いという意味で)「文学的な」テクストが多く、資料の選択に偏りが見られる、散文と韻文が区別なしに混在している、といった問題点が指摘できる。また、各テクストの総語数が明らかでないので、「10,000 語あたりの出現率」といった相対的な数値の比較ができないのも大きな欠点と言えるだろう。

しかしながら、The Helsinki Corpus of English Texts: Diachronic and Dialectal (HC) の公開 (1991 年) に始まるコンピューターコーパスを利用した英語史研究の進展のおかげで、上述した問題は徐々に解消され始めている。たとえば Méndez-Naya (2003) は、強意副詞 swiþe の成立のプロセスを文法化の観点から考察するとともに、HC を利用して swiþe の消長の状況を調査し、swiþe が full に取って代わられた時期が、これまでの指摘よりもいくぶん早かったと指摘している (“The data from the Helsinki Corpus show that the replacement of *swiþe* by *ful* took place somewhat earlier than had been suggested in the literature.” Méndez-Naya 2003: 389)。

本章の目的は、強意副詞 very の成立と発達のプロセスを明らかにすることであるので、ここで後期中英語期から初期近代英語期にかけての強意副詞の消長の状況を、HC を利用して明らかにしておきたい。HC の時代区分 M3 (1350–1420), M4 (1420–1500), E1 (1500–1570), E2 (1570–1640), E3

(1640–1710) 各期のすべてのファイルについて、形容詞 (+Adj)、副詞 (+Adv) と共起する full, right, very の出現状況を表 3 に示す。各期上段の数値は出現数を、下段の数値は 10,000 語あたりの出現率を示す。

表 3　HC における full, right, very

	full			right			very		
	+Adj	+Adv	計	+Adj	+Adv	計	+Adj	+Adv	計
M3	153	101	254	51	23	74	1	0	1
	8.30	5.48	13.78	2.77	1.25	4.02	0.05	0.00	0.05
M4	104	98	202	118	70	188	20	1	21
	4.86	4.58	9.44	5.52	3.27	8.79	0.94	0.05	0.99
E1	7	7	14	44	18	62	124	34	158
	0.36	0.36	0.72	2.25	0.92	3.17	6.34	1.74	8.08
E2	0	1	1	13	0	13	177	80	257
	0.00	0.05	0.05	0.66	0.00	0.66	8.95	4.05	13.00
E3	0	0	0	8	1	9	291	125	416
	0.00	0.00	0.00	0.45	0.06	0.50	16.21	6.96	23.18

それぞれの副詞について、形容詞と共起する例と副詞と共起する例を合計し、10,000 語あたりの出現率をグラフ化したものが図 1 である。

表 3 および図 1 から強意副詞の出現率が全般に低いことが明らかになる。それぞれの副詞について詳しく見ていけば、1) M4 で full が減少傾向にあるのに対し、right が勢力を伸ばし full とほぼ同じ程度に使われているこ

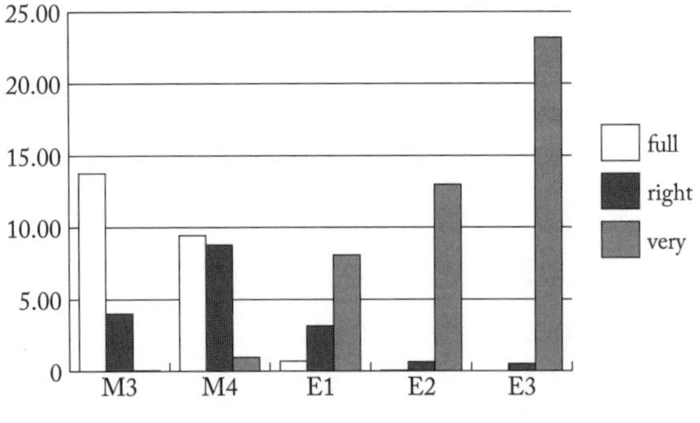

図 1　HC における full, right, very の 10,000 語あたりの出現率

と、また、very の例がわずかながら現れはじめたこと、2) E1 で full が激減し、right も減少傾向にあるのに対し、very の頻度が急増したこと、3) very の増加、その反動として full, right の衰退が E2 以降いっそう顕著になってきていることが指摘できよう。Mustanoja (1960: 320) は "*Full* is still quite common in the 16th century" と述べているが、HC の検索結果を見る限り 16 世紀に full が "still quite common" であったとは言い難い。また very について "In the 15th century *very* is not uncommon as an intensifying adverb of degree." (372) と述べているが、HC の調査結果を見る限り、この記述あてはまらないと言えるだろう。

4　強意副詞 very の発達

強意副詞の成立のプロセスの 1 つとして、Partington (1993: 181) は "modal-to-intensifier shift" を挙げている。

> A number of lexical items which today have an intensifying function began life with some modal semantic content, through which speakers comment on their assessment of the truth of the matter under discussion or vouch for the sincerity of their words.

本来、自分の発言内容が真実であることを主張するために用いられる副詞が、強調のために用いられるようになった現象であり、その典型例として Partington は very, really, truly を挙げている。

さらに Partington (1993:183) は、内容語から語彙的意味が失われて機能語化する脱語彙化 (delexicalization) に注目し、強意副詞の脱語彙化と強意副詞のコロケーションの振る舞いには相関があることを指摘している。

> Of great importance in terms of the present study is the existence of a correlation between the delexicalisation of an intensifier and its collocational

> behaviour. In fact, the more delexicalised an intensifier, the more widely it collocates: the greater the range and number of modifiers it combines with.

すなわち、強意副詞の脱語彙化が進めば進むほど、コロケーションの幅が広がるという指摘である。

本節では、Partington（1993）の知見を手がかりに、強意副詞 very の成立と発達の状況を考察する。

4.1　very の強意副詞化

本来、古フランス語の verrai に由来する形容詞であった very が強意副詞化するプロセスを、Mustanoja（1960: 326–327）の記述を参考に概観しておきたい。

1）**very (Adj) + N:**　'true, real'の意味で、あるいは強意語として名詞と共起する形容詞の段階。

this is a *verray* sooth withouten glose　（CT F Sq. 166）
for *verray* feere so wolde hir herte quake　（CT F Fkl. 860）

2）**very (Adj) + Adj + N:**　14 世紀後半に現れた、限定的に用いられた他の形容詞の前位置に立つ形容詞としての用法（この統語位置が very の副詞化を促す要因となったことは、既に多くの研究者によって指摘されているとおりである）。

he was a *verray* parfit gentil knight　（CT A Prol. 72）
this benigne *verray* faithful mayde　（CT E Cl. 343）

3）**very (Adj) + N / very (Adv) + Adj:**　penitent, repentant のように、形容詞ではあるが、名詞としても用いられうる語の前に very が位置する用法。これもまた、very の副詞化を促す要因になったと考えられる。なお、MED はこの種のコロケーションで用いられた very を ‘sincerely, genuinely’ という意味の副詞としている。

he shal be *verray* penitent　(CT I Pars. 87)
a man schal be *verray* repentaunt　(CT I Pars. 292)

4) **very (Adv) + Adj:**　Mustanoja (1960: 327) が “the final stage is reached” と呼んでいるもので、very の強意副詞化がいっそう進んだ段階。

he... was *verray* contrite and sorwful in his herte　(Trev. Higd. VI 93)
as for the thryd, thow mayst be *verrey* sure　(Lydg. A Gods 1776)

以上が Mustanoja の説明の概略であるが、次の 5) に示すように、very が形容詞だけでなく、副詞とも自由にコロケーションを構成するようになったとき、very の強意副詞化が完結したと考えられる。OED, MED ともに次の『パストン家書簡集』からの例を副詞と共起する very の初出例としている。

5) **very (Adv) + Adv**

(1448) *Paston* 2.520: Wrytyn wyth my noune Chaunsery hond yn hast ... *Vere* hartely your, Molyns.

4.2　後期中英語期における very

HC の M3 において very が形容詞と共起する例は次の1例のみであった。

For, but if I be begiled, thanne is thilke the *verray* parfit blisfulnesse that parfitly maketh a man suffisaunt, (BOETHCH)

この例における very は、4.1. で述べた 2) の段階、すなわち、限定的に用いられた他の形容詞の前位置に立つ形容詞と考えるべきものであろう。

M4 になると状況は大きく変わってくる。まず M4 において very と共起する語のリストを出現するテクストタイプとともに示す (かっこ内の数字は出現数。出現数が 1 のものについては数字の記載を省略した。以下同じ)[3]。

true (5)	Law (2)	Preface (2)	Sermon
red (4)	Handbook (other) (4)		
busy	Letter (private)		
faithful	Letter (private)		
glad	Letter (private)		
good	Letter (private)		
grand	History		
great	Letter (private)		
heavy	Letter (private)		
just	Sermon		
prone	Sermon		
soothfast	Religious treatise		
wise	Sermon		
sore (adv.)	Letter (private)		

M4 における very の出現総数は 21、コロケーションを構成する語は 14 タイプである。そのうち 7 タイプが私的書簡のファイルに生じていることは次の 2 つの点で注目に値する。

1) 出現率の高さ

HC の M4 に含まれるファイルを書簡 (公的書簡・私的書簡) とそれ以外に分けて very の 10,000 語あたりの出現率を算出すると、前者が 3.09 (総語数 22,630)、後者が 0.73 (総語数 191,220) となり、書簡のファイルにおいて

very が高い出現率を示す。

2) コロケーションの革新性

HC の M4 期の書簡以外のファイルにおいて、full および right が形容詞と共起する状況は次に示すとおりである（full, right のどちらかで 2 例以上見られたもののみ示してある）。

	full +	right +
glad	5	5
good	4	5
great	-	2
heavy	-	4
merry	2	1
sorry	3	-

書簡以外のファイルではもっぱら full や right と共起する glad, good, great, heavy が書簡のファイルで very と共起しているという事実は、書簡というテクストタイプにおいて very の強意副詞化が進んでいたことを示すものと言えるであろう。

書簡は書き言葉でありながら話し言葉に近い性格を持つことについては既に多くの研究者によって指摘されている。たとえば Peters（1994: 273）は次のように述べている [4]。

> Early Modern English is the first period documenting the changes in fashion which the English language experiences in this respect, both in terms of the number of new items and in the rapidly growing diversity of lexical sources. This situation is without doubt due to the emergence of more colloquial styles in Early Modern English written sources. In this respect,

> letters must certainly be ranked among the most important (and interesting) text types, although we would be mistaken to regard them as pure colloquial language. Letters are largely regarded as more useful in detecting changes than (more standardised or elaborate) literary sources. Accordingly, much use has been made of letters in investigations of Early Modern English grammar.... Obviously, colloquial language is also a typical domain of degree adverbs, where they occur more frequently and in greater diversity.

HC の M4 における書簡のファイルの総語数は 22,630 語に過ぎず、その調査結果だけでは少々心細いところがあるので、Corpus of Early English Correspondence Sampler (CEECS) を利用して補足しておきたい。CEECS は 1418 年から 1610 年の間に書かれた書簡 1,147 通、約 45 万語のコーパスである (1998 年公開)。このうち、HC の M4 に相当する期間のファイル (総語数 90,657、HC と同じファイルが含まれる) を調査したところ、very の出現総数は 28、コロケーションを構成する語は以下に示す 14 タイプであった。

good (9)　glad (4)　great (3)　sore (adv.) (2)　busy　certain
desirous　faithful　full　heavy　loath　merry　sorry　wary

10,000 語あたりの出現率を算出すると 3.09 となるが、これは HC の場合と同じ結果である。good, glad, great, sore などと共起する例が複数見られること、またコロケーションを構成するタイプが多様化していることは、書簡というテクストタイプにおいて very の強意副詞化が進んでいたことをさらに裏付けるものである。

4.3　初期近代英語期における very

後期中英語期においては、少なくとも書簡というテクストタイプで very の強意副詞化が進行していたことが明らかになった。次に初期近代英語期について調査したい。ここで留意すべきことは、1) very の使用が書簡以外のテクストタイプにどの程度広がっていったか、2) very と副詞との共起状況はどのようであったか、の 2 点である。本節では HC の初期近代英語期の部分を約 3 倍の規模に拡張し、2005 年に公開された The Penn-Helsinki Parsed Corpus of Early Modern English (PPCEME) を調査した結果を報告する。

PPCEME の概要については齊藤 (2006: 7) が次のように簡潔にまとめている。

> 周知のように、The Penn-Helsinki Parsed Corpus of Early Modern English (PPCEME) は、Pennsylvania 大学のチームが Helsinki Corpus の EModE の部分 (約 60 万語) を 3 倍 (約 180 万語) に拡張したもので、この PPCEME は (1) Helsinki, (2) Penn1, (3) Penn2 の 3 つの subcorpus (各約 60 万語) より構成されている。(1) は Helsinki Corpus の EModE の部分を使い、(2) と (3) は Pennsylvania 大学側が Helsinki Corpus を補足した部分であり、原則的には Helsinki Corpus と同じ資料から未採録部分を採り、不足分は新たな資料から補足している。時代区分やテクストジャンルも Helsinki Corpus をそのまま踏襲している。

PPCEME の特徴は HC の均衡コーパスとしての性格をそのまま維持したことであり、テクストタイプごとに約 3 倍のサイズに拡張されている。このことは、強意副詞のように出現頻度が高くない言語現象を調査する場合に有効である。それぞれのサブコーパスについて、時代区分ごとの総語数を表 4 に掲げる (マニュアルの誤りは訂正してある)。

表 4　PPCEME の語数 [5]

	HC	Penn1	Penn2	Total
E1	195,546	195,226	185,423	576,195
E2	197,738	223,064	230,234	651,036
E3	179,477	197,908	189,394	566,779
Total	572,761	616,198	605,051	1,794,010

次に、PPCEME のすべてのファイルを対象に、full, right, very の消長の状況を調査した結果を表 5 に示す。

表 5　PPCEME における full, right, very

・E1

	full			right			very		
	+Adj	+Adv	計	+Adj	+Adv	計	+Adj	+Adv	計
HC	7	7	14	44	18	62	124	34	158
	0.36	0.36	0.72	2.25	0.92	3.17	6.34	1.74	8.08
Penn1	4	14	18	34	14	48	110	34	144
	0.20	0.72	0.92	1.74	0.72	2.46	5.63	1.74	7.37
Penn2	7	9	16	61	20	81	91	27	118
	0.38	0.49	0.86	3.29	1.08	4.37	4.91	1.46	6.37
Total	18	30	48	139	52	191	325	95	420
	0.31	0.52	0.83	2.41	0.90	3.31	5.64	1.65	7.29

・E2

	full			right			very		
	+Adj	+Adv	計	+Adj	+Adv	計	+Adj	+Adv	計
HC	0	1	1	13	0	13	177	80	257
	0.00	0.05	0.05	0.66	0.00	0.66	8.95	4.05	13.00
Penn1	2	0	2	11	2	13	195	79	274
	0.09	0.00	0.09	0.49	0.09	0.58	8.74	3.54	12.28
Penn2	1	3	4	17	3	20	178	65	243
	0.04	0.13	0.17	0.74	0.13	0.87	7.73	2.82	10.55
Total	3	4	7	41	5	46	550	224	774
	0.05	0.06	0.11	0.63	0.08	0.71	8.45	3.44	11.89

・E3

	full			right			very		
	+Adj	+Adv	計	+Adj	+Adv	計	+Adj	+Adv	計
HC	0	0	0	8	1	9	291	125	416
	0.00	0.00	0.00	0.45	0.06	0.50	16.21	6.96	23.18
Penn1	2	0	2	0	0	0	334	123	457
	0.10.	0.00	0.10	0.00	0.00	0.00	16.88	6.22	23.09
Penn2	0	0	0	4	2	6	312	113	425
	0.00	0.00	0.00	0.21	0.11	0.32	16.47	5.97	22.43
Total	2	0	2	12	3	15	937	361	1,298
	0.04	0.00	0.04	0.21	0.05	0.26	16.53	6.37	22.90

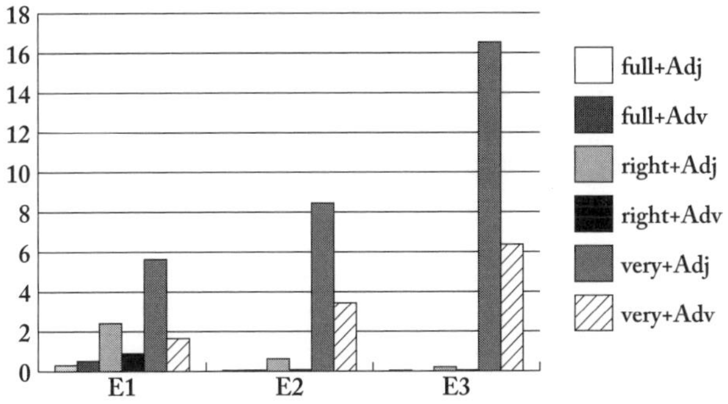

図 2　PPCEME における full, right, very の 10,000 語あたりの出現率

出現頻度が 10 に満たない E2 の full, E3 の full, right を除くと、どのサブコーパスでもほぼ同様の結果が見られた。そこで 3 つのサブコーパスの合計について、形容詞と共起する例、副詞と共起する例に分けて 10,000 語あたりの出現状況をグラフ化したものを図 2 に示す。

この図から、full, right と very の交替は E1 期で起こったと判断してよいであろう。また、形容詞と共起する例に比べると少ないが、very が副詞と共起する例が着実に増加していることは、very の強意副詞化の進行を示すものと言える。

4.3.1　テクストタイプ別に見た very の出現状況

4.2 で指摘したとおり、M4 期において very の出現率が高かったテクストタイプは私的書簡であったが、very の出現頻度が急増する E1 期においてはどのような状況であったのであろうか。PPCEME の E1 期の全ファイルにおける very の出現数、および形容詞と共起する例の 10,000 語あたりの出現率を、テクストタイプごとにまとめて表 6 に示す。

表 6　PPCEME (E1 期) における very のテクストタイプ別出現状況

テクストタイプ	総語数	+Adj	+Adv	形容詞と共起する例の 10,000 語あたりの出現率
Law	37,020	5	0	1.35
Handbook (other)	32,799	37	7	11.28
Science (medicine)	19,381	5	0	2.52
Science (other)	20,557	0	0	0.00
Educational treatise	33,012	28	14	8.48
Philosophy	32,430	18	4	5.55
Sermon	31,098	12	5	3.86
Proceeding (trial)	17,364	10	3	5.76
History	36,009	16	6	4.44
Travelogue	43,702	59	5	13.50
Diary	41,154	7	5	1.70
Biography (autobiography)	19,567	16	9	8.18
Biography (other)	17,182	17	6	9.89
Fiction	37,392	19	8	5.08
Drama (comedy)	34,447	7	5	2.03
Letter (private)	33,521	42	9	12.53
Letter (non-private)	24,067	21	9	8.73
Bible	65,493	6	0	0.92
計	576,195	325	95	

E1 においては Letter (private) 以外に、Travelogue, Handbook (other), Biography (other), Letter (non-private), Educational treatise, Biography (autobiography) で形容詞と共起する very の出現率が高く、初期近代英語期に入って強意副詞 very の使用が書簡以外のテクストにも拡がったことが窺える。E1 期全体で very とコロケーションを構成する形容詞は 147 タイプ見られた。そのうち、出現数が 3 以上のものをリストアップすると以下のとおりである。

good (39)　fair (17)　glad (10)　great (9)　sorry (9)　sure (9)　true (8)
desirous (7)　sick (7)　far (6)　old (6)　angry (4)　merry (4)　necessary (4)
new (4)　small (4)　dangerous (3)　dear (3)　expedient (3)　ill (3)　light (3)
little (3)　loath (3)　meet (3)　notable (3)　plain (3)　strong (3)　virtuous (3)

ちなみに、very と共起する形容詞の出現頻度が最も高い Travelogue について2例以上出現する共起語は、以下の8タイプであった。

fair (13)　great (5)　far (4)　good (3)　ancient (2)　mean (2)　notable (2)　strong (2)

M4期の書簡（HC, CEECS）で見られた共起語（good, glad, great, sorry）の出現数が増加し、E1期で書簡以外のテクストタイプにも拡がったこと、また very がコロケーションを構成する形容詞のタイプが急増したことは、very の文法化がいっそう進んだことを示すものである。

4.3.2　very と副詞の共起

既に4.1. で述べたように、本来形容詞であった very が副詞とも自由にコロケーションを構成するようになったとき、very の強意副詞化が完結したと考えられる。PPCEME の E1期において very と共起する副詞は以下に示すとおり49タイプ、全用例数は95であった。このうち、-ly 型副詞は（early, friendly を含めて）37タイプ、用例数は43であった。

aptly (2)　certainly　conveniently　desperately　diffusely　doubly　early (2)　earnestly (2)　easily　eloquently　evil (2)　faithfully　familiarly　fast (2)　fervently　finely　friendly　gorgeously　greatly (2)　hardly (2)　honestly (2)　late　long　low　moderately　notably　oft (2)　painfully　perfectly　plentifully　quietly　seldom　shortly　slenderly　slowly　softly　soon (3)　sore (7)　strait　straitly　strangely　strongly　surely　virtuously　weakly　well (30)　wide　wisely　wittily

同時期における full, right の -ly 型副詞との共起状況は次に示すとおり、full が9タイプ10例、right が12タイプ16例であるから、E1期の段階で既に very と副詞との共起が一般化していたことが明らかになる。

full+: devoutly, gently, heartily, holily (2), merrily, piteously, soberly, surely, truly

right+: curiously, dearly, devoutly (2), entirely, honestly (2), heartily (3), humbly, kindly, largely, solemnly, trustily, worthily

さらに、very と共起する数が 30 例で最も多い well について、HC (M4) と PPCEME (E1) で full well, right well, very well という 3 つのコロケーションの出現状況を調査した結果を表 7 に示す。

表 7　full, right, very と well の共起状況 (用例数と 10,000 語あたりの出現率)

	HC (M4)	PPCEME (E1)
full	9　(0.42)	5　(0.09)
right	32　(1.50)	20　(0.35)
very	0　(0.00)	30　(0.52)

10,000 語あたりの出現率で見た場合、E1 期に入って full well, right well が減少し、HC (M4) では見られなかった very well が出現していることは、very well というコロケーションの確立、さらには、very の強意副詞化が十分に進んでいたことを示すものと言えるであろう。

5　まとめ

本章では共起語(コロケーション)に注目し、強意副詞 very の発達のプロセスを考察した。調査範囲が限られてはいたが、検索結果を見る限り E1 期には既に very が構成するコロケーションが多様化しており、very の強意副詞化が急速に進んでいたことが明らかになった。今後の課題として、次の 5 点を指摘しておく。

1) 本章では E1 期の 70 年間を一括して very の出現状況を調査したが、たとえば 10 年刻みのように、時代区分をさらに細かくして行く必要があるであろう。その場合、調査対象の拡大が必要となる。

2) very が文法化するプロセスをより厳密にたどろうとするならば、very と共起する形容詞、副詞を一括して扱うのではなく、Dixon (2005: 84–85) が形容詞について提唱する意味タイプ (semantic type) を援用して各共起語の意味を検討し、very と各意味タイプの親和度を明らかにする必要がある。

3) 今回はコロケーションの実例を提示し、その変遷を考察することに主眼を置いたが、コロケーションを研究対象とする以上、今後は MI スコアなど、統計的な視点から考察を加える必要がある。

4) 本来形容詞である very が強意副詞化するプロセスを考察する場合、very と共起する語の品詞に注目することは不可欠である。一方、「コロケーション」という視点で考えるならば、たとえば very well のように、共起語が形容詞、副詞の両方可能な場合もあるわけで[6]、強意副詞化の進行とコロケーションの多様化は必ずしも表裏一体の関係にあるとは言えない (強意副詞の使用者が共起語の品詞をいちいち意識しているとは考えられない)。この 2 つの異なる視点を統合し、より有効な説明原理を打ち立てる必要がある。

5) 最後に、very が他の語に取って代わられることなく 500 年以上もの間、強意副詞として定着してきた理由を明らかにすることが最大の課題である。

注

1. 「強意詞」等の訳語は、荒木・安井 (編) (1992: 735–736) による。
2. 「再新化」という訳語は秋元 (2001: 17) による。
3. HC のテクストタイプの詳細については、Kytö (1996: 3.3.4. (11)) を参照されたい。
4. 他に、Palander-Collin (1999: 96), Kytö and Rissanen (1997: 14), Nevalainen (1999: 347) なども参照されたい。

5. 表 4 における HC の語数は PPCEME のマニュアルに基づいたもので、HC のマニュアル（Kytö 1996: 1.1）に記載されている語数とは微妙に異なる。
6. 実際、以下のような例が見られた。To speake with Custance your selfe shoulde be *very well*（udall-e1-p2.txt）

第4章　談話標識のコロケーション
—初期近代英語を中心に

浮網茂信

1　はじめに

本章は、初期近代英語における談話標識の用法を本書のテーマであるコロケーションの通時的研究の視点から考察する。

先ず、談話標識の通時的研究のあとをたどり、談話標識の通時的研究とコロケーションの関わりをさぐる。具体的な談話標識として well をとりあげ、その通時的発達を概観した上で、初期近代英語期に活躍した劇作家シェイクスピア(William Shakespeare 1564–1616)にみられる談話標識 well をコロケーションの視点から考察するのが本章のねらいである。

2　談話標識とその通時的研究

2.1　談話標識とは

談話標識とは、actually, anyway, I mean, now, so, then, well, you know, you see のような言語項目(Brinton 2006: 309)が、「文」の境界を超えて文字どおり談話のレベルで機能する場合をさして使われる用語である。現代英語における その数が十数項目という場合もあり、500項目にまでおよぶ場合もある(Brinton 2006: 309)。このことからもわかるように、具体的な項目は必ずしも明確ではない。そのため、こうした言語項目を言い表わす「用語」も定まっておらず、discourse marker (Schiffrin 1987 参照), pragmatic marker (Brinton 1996 参照), discourse particle, pragmatic particle, pragmatic expression, discourse connective (Jucker and Ziv 1998 参照) などを含めて、その用語は 30 以上にもおよぶ。近年、discourse marker か pragmatic marker に落ち着いてきているように思われるが、どちらをより包括的な用語とするかは研究者によって異なることがあるので、注意を要する場合もある。より包括的な用語として pragmatic marker を用い、discourse marker を 3 種類の pragmatic marker の中の 1 つとするもの (Fraser 1990: 386–387)、または 4 種類の pragmatic marker の中の 1 つとするもの (Fraser 1996: 169; Hansen and Rossari 2005: 178; etc.) がある一方で、discourse marker をより包括的な用語ととらえる場合もある (Jucker and Ziv 1998: 2 参照)。以下の議論では、「談話標識」(discourse marker) をその用語として用いる。

2.2 談話分析と談話標識の研究

談話標識は、現代の話し言葉を中心にその研究が進んできたものであり、通時テクストにおけるその存在が意識されはじめたのは最近のことである。いわゆる「談話」(discourse) の分析は 1950 年代に入って盛んに行なわれるようになったものであり、「談話分析」(discourse analysis) という用語も 1952 年の Zelling S. Harris の同名の論文にはじまる (s.v. 'discourse', OED ; Wales 2001: 115; Aijmer and Stenström 2004: 3)。1970 年代からは、イギリスのバーミンガム大学で John Sinclair や Malcolm Coulthard などが中心となって、教室での教師と学生の間でのやりとり、または医者と患者の間のやりとりといった比較的形式化した場面での談話の分析が行なわれてきた (Wales 2001: 115) が、いわゆる「談話標識」(discourse marker, pragmatic marker/particle, etc.) 自体をとりあげて論じるようになるのは、1970 年代後半である (Lakoff 1973; Hines 1978, 1979; James 1978; Murray 1979; etc.)。1980 年代に入ると、実際の会話場面を収録した言語資料の分析にもとづいた緻密な談話標識の研究がはじまる (Svartvik 1980)。こうした言語資料の分析にもとづく研究の中で、Schiffrin (1987) は、oh, well, now, then, y'know, I mean から and, but, or, so, because などの連結詞までを含み、80 年代を飾る最も包括的な研究であると言えよう。

現代の話し言葉を対象にして発達してきた談話分析の手法は、文学作品の文体研究にも有効であるとされる（Coulthard 1985: 179–192）一方、現代劇の対話分析にも援用される（Burton 1980）が、通時テクストにおける談話標識の存在が意識されはじめるのは 1980 年代も後半になってからである。その中でも、Stein（1985a, 1985b）は最も早い時期のものである。Finell（1989）は現代英語の応答標識 well の用法の 'historical background' を論じた後、次のように述べている。

> This analysis of *well* can be seen as yet another illustration of how close the connection between Middle English and Modern English is, as well as of how historical linguistics can contribute to a deeper understanding of issues that are being discussed in the field of pragmatics today.（pp. 655–656）

通時的視点が今日の語用論的問題の理解にも貢献し得るという指摘は斬新であり、その後の通時的研究を加速させたと言えよう。

2.3　談話標識の通時的研究

通時テクストにおける談話標識の存在は 1990 年頃から徐々に認識されるようになるが、その通時的発達に関する研究は少ない。通時的研究の例として Jucker（1997: 92）があげているものは、Blake（1992, 1992/3), Brinton（1990a, 1990b, 1995, 1996), Finell（1989), Fitzmaurice（1995), Fuami（1995), Stein（1985b), Traugott（1995）の 11 編である。ともかく、1990 年代は Brinton（1990a, 1990b）にはじまり、Jucker（1995), Brinton（1996), Jucker *et al.*（1999）などの大著をへて、2000 年には史的語用論の専門誌である *Journal of Historical Pragmatics* が A. Jucker と Irma Taavitsainen を編者として John Benjamins 社から刊行されるまでにいたっている。その後の研究の広がりは、Jucker（2008）の「史的語用論文献一覧」（*Historical Pragmatics: A Bibliography*）にあげられた文献の年代毎の数によく表われている。この「文献一覧」には 2007 年 3 月現在で 575 件の文献が登録されているが、そのほとんどをしめる510件は1990年以降のものである。筆者のみたところでは、2000年以降の文献が334件で最も多く、1990年代が176件であり、1989年以前の文献は65件にすぎない。

3 談話標識の通時的研究とコロケーション

談話標識は、文文法の範囲を超えた文字どおり談話のレベルで機能する項目であり、その分析には文の単位を超えた発話のつながりをとらえることが求められる。その機能と用法、さらには通時的変遷をみるにあたって、いわゆるコロケーションへの言及がたとえ補足的であっても頻繁にみられるのは談話標識のはたらきから考えて当然のことであろう（Carter and McCarthy 2006: 153; Owen 1981: 112; Schiffrin 1987: 105; Svartvik 1980: 170; etc.）。

近年関心の高い談話標識の通時的研究においては、コロケーションの視点が通時的変遷の過程を明らかにし、通時テクストの新たな読みを明らかにする可能性が高い。談話標識の通時的研究は、いわゆる「文法化」(grammaticalization）の現象としてとりあげられることが多いが、そうした研究の言語資料の中にもコロケーションへの言及およびその変遷をみることができることは興味深い。次の例は、look の文法化の現象を通時的にたどった資料にみられる look とそのコロケーションの例である。

（1）a. Why, look you **there**, look how it steals away? (Ham 3.4.134) [1]
Look you **here**, Here is himself, marr'd as you see with traitors. (JC 3.2.196–97)

b. Look you, **sir, here** is the hand and seal of the Duke (MM 4.2.191–92)
Look you, **sir, here** comes your ghostly father. Do we jest now, think you? (MM 4.3.48–49)

(福元 2006: 4.3.1. 'see')

（2）a. lookee/look'ee **here**

b. look'ee **Pip**

c. lookee **here, old chap** / look'ee **here, Pip's comrade**

(今林 2006：「I. 19 世紀における *look*-forms」；Imahayashi 2007)

(1) はシェイクスピア劇にみられる 'see'の意味で使われた look の例であり、(1a) は韻文、(1b) は散文の例である。ここでは look you の固定した形式とともに (1a) の例では there, here とのコロケーション、(1b) では here に加えて呼びかけ語 sir とのコロケーションがみられることに注目したい。(2) はディケンズ (Charles Dickens 1812–70) の lookee あるいは look'ee と here および呼びかけ語とのコロケーションがみられる例である。この (1) と (2) の例はそれぞれシェイクスピアの語彙的意味の look とディケンズの談話標識 look のコロケーションを示したものであるが、ここで面白いのは、look と here および呼びかけ語とのコロケーションが、時代と用法は異なっても両者の間で共通している点である。これは、look がその語彙的用法から談話標識用法へと文法化してゆく過程においてコロケーションが深く関与していることを示している。つまり、シェイクスピア時代の語彙的意味の look が here や呼びかけ語とともに頻繁に使われるようになり、そのコロケーションを保持した状態でディケンズの、談話標識としての look へと発達したと推測できる。look の語彙的用法から談話標識用法への発達、つまりその文法化のあとをコロケーションの中にたどることができるということでもある。これは、コロケーションが談話標識の発達をたどる際の形式上の根拠になり得るということではなかろうか。ちなみに、シェイクスピアにおいて look が談話標識として用いられるのは二人称代名詞 you とコロケートした場合にかぎられるとの報告がある (Fukumoto 2008)。

つぎは、シェイクスピアの prithee の例であるが、同様にコロケーションの観点からみると非常に興味深い例である。

(3) a. **Prithee** now say **you** will, and go about it. (Cor 3.2.97)

b. Now forward with **your** tale. **Prithee** stand further off.

(Tmp 3.2.83–84)

(Busse 2000, quoted in Jucker 2002: 225; Busse 2002; 福元 2006: 6.2.)

prithee は pray thee から音的短縮をへて談話標識として使われるようになったものであり、元は thou/thee の文脈で使われたものであるが、ここで面白いのはそれが you の文脈に使われている点である。単数二人称代名詞 thee をとり込んだ表現である prithee が you とのコロケーションの中に現われており、それは thee がその語彙的意味を完全に失ったことを明示している。いわゆる「文法化」の定着の度合いがコロケーションの点から検証できる例であると言えよう。

以上、談話標識の発達および用法の理解にコロケーションの視点が有効であるという認識のもとに、以下では談話標識 well をとりあげ、先ずその通時的発達を概観した上で、その発達を特にコロケーションの面から整理してみよう。

4　談話標識 well の発達—概観

談話標識 well の発達は、文法化の流れにそっており (in conformity with the hypotheses in the process of grammaticalization)、その機能は「命題的」(propositional) から「テクスト形成的」(textual) をへて、「表現的」(expressive) に進み、「表現的」機能は、次第に「主観的」(personal) な度合いを深め、話者の心的態度をより強く示す方向に発達すると言われる (Traugott 1982; Finell 1989: 655–656)。さらに議論を進めて述べると、この発達がどの時期にどの程度まで進んでいたかをあとづけることは重要である。以下では、談話標識 well の通時的変遷をたどってみよう。

4.1　用法からみた談話標識 well の発達

談話標識 well の発達を Jucker (1997) を参考にして、語彙項目、機能、伝達媒体、発言内位置の 4 つの面から筆者なりに整理すると次のように図示できる。(OE は古期英語、ME は中期英語、EModE は初期近代英語、PE は現代英語を示す。EModE 内の区分は例文の引用年による。）

表1　用法からみた談話標識 well の発達（adapted from Jucker 1997）

<table>
<tr><th></th><th>OE</th><th>ME</th><th>earlier
EModE
（～1567）</th><th>later
EModE
（1582～）</th><th>PE</th></tr>
<tr><td>語彙項目</td><td>wella
→</td><td colspan="4">well
→</td></tr>
<tr><td rowspan="2">機能</td><td rowspan="2">Interpersonal
→</td><td colspan="4">Textual
→</td></tr>
<tr><td colspan="2"></td><td colspan="2">Interpersonal
→</td></tr>
<tr><td rowspan="2">伝達媒体</td><td colspan="5">Spoken
→</td></tr>
<tr><td colspan="3"></td><td colspan="2">In diaries, handbooks & fiction (without a direct relationship to spoken language)
→</td></tr>
<tr><td rowspan="2">発言内位置</td><td colspan="5">Initial
→</td></tr>
<tr><td colspan="3"></td><td colspan="2">Non-initial
→</td></tr>
</table>

上段の「語彙項目」と第2段目の「機能」でみるかぎり、古期英語（OE）と中期英語（ME）の間に断絶がある。つまり、OE の談話標識 wella の形はいったん途絶え、ME の談話標識 well が新たに誕生したことになる。「機能」の面では、OE の wella が話し相手に呼びかけて注意を喚起するという「対人関係的」(interpersonal) 機能で用いられたのに対して、ME の well は直接話法を導入する「テクスト形成的」(textual) 機能で用いられており、その機能が現代までつづくことになる。次の引用はその1例であり（Jucker 1997: 96–99）、(4) が OE、(5) が ME の例である。

（4）　[...] **Wella**, wisan men, wel; gað ealle on þone weg [...]
(Well! O wise men, well! Proceed ye all in the way [...]) (Boethius 40.4)

（5） 'Ye sey well,' seyde the kynge. 'Aske what ye woll and ye shall have hit [...]' **'Well,'** seyde thys lady, 'than I aske the hede of thys knyght that hath wonne the swerde, ...' （HC CMMALORY 1470）

OEの「対人関係機能」はMEでは一度途絶えながら、初期近代英語（EModE）の後半から再度出現する。第3段目の「伝達媒体」でみると、「話し言葉」（spoken language）での使用がOEから現代英語（PE）まで一貫している一方で、日記・ハンドブック・フィクションでの使用は、EModEの後半からみられる現象である。最下段の「発言内位置」の点からみると、「発言の冒頭」（initial position）がOEからPEまでをとおして一貫した位置である。その一方で、「発言（turn）の内部」（non-initial position）は、EModEの後半からみられる位置である。

以上の通時的概観の中で注目すべき点は、談話標識wellがEModEの後半から多様な機能およびはたらきを獲得したことであるが、ここでは「対人関係機能」の復活と「発言内部」での使用が誕生したことを確認するにとどめ、以下では、そうしたwellの通時的発達とコロケーションの関係をみてみよう。

4.2　コロケーションからみた談話標識wellの発達

ここではコロケーションに注目し、談話標識wellの発達の過程をコロケーションをとおしてあとづけることができることを概説してみよう。談話標識wellと共起して連語関係にあると思われる語句（collocates）を、先の表1の時代区分にそって示すと表2のようになる。

この表にもとづいてコロケーションの視点から次の3つの点を指摘しておこう。先ず、古期英語（OE）と中期英語（ME）の連続性の問題であり、つぎに初期近代英語期後半（later EModE）以降のコロケーションの広がり、そして最後に現代英語（PE）に特徴的にみられるコロケーションの一様式についてである。

OEのwellaとMEのwellは、先の表1にあげた「語彙項目」と「機能」

表2　コロケーションからみた談話標識 well の発達 (adapted from Carter and McCarthy 2006, Jucker 1997, Owen 1981, Schourup 1999, Svartvik 1980)

OE	ME	earlier EModE	later EModE	PE
・*cwæð* ・vocative	・*sayd/ seyde* and *quoth*	・*said* and *quoth* ・[initial, but] without *seyde* or *quoth* ・*if it be so*, etc.	・question—[*well*+] answer (rare)	・a form of *say* or *think, you know, you see, I mean, look, really, then, so, no, yes* ('most common'; Svartvik 1980: 170) ・*say / think* [+*well*+] direct speech ('most frequent'; Svartvik 1980: 170) ・[*well*+] *actually, as a matter of fact, really; Oh/ah* [+*well*], [*well*,+] *well, well* (Carter and McCarthy 2006: 153) ・[*well* +] *in that case, then* (Owen 1981: 112) ・question—[*well*+] answer (a major use; Schourup 1999: 96–97)

の面では連続性がないようにみえたが、伝達動詞とのコロケーションの点からみると両者の間の連続性をたどることができる。次の OE (6) と ME (7) の well の用例 (Jucker 1997: 98) をみてみよう。

(6) a.　7 þus [=and thus] **cwæð**: Wella, men, wel; [...]　(Boethius 34.8)

b.　and **cwæð** mid wope [= with weeping]. wella basilius. [...]　(Homilies I.3.627–8)

(7) a.　'Wel,' **quod** this Januarie, 'and hastow ysayd? ...　(*CT*, The Merchant's T., IV 1566)

b.　'Well,' **seyde** sir Launcelot, 'take this lady and the hede, and bere it uppon the; ...'　(HC CMMALORY 1470)

OE の wella は cwæð と、ME の well は seyde あるいは sayd および quoth と共起しており、ともに「言う」「語る」の意味の伝達動詞 (verbs of saying or speaking) と連語関係を持つという点にその連続性をみることができる。さらに、ME の談話標識 well が OE の wella とは直接の関係はなく、その起源が OE の副詞用法の well にあると考えた場合でも、両者の間の連続性を同様のコロケーションに求めることができる。つぎは、OE の副詞用法の well が伝達動詞 cweden, cwæð と共起している例である (Jucker 1997: 98)。

（8）a. *a*900 Ðæt is wel **cweden** swa ȝewritu secgað, þæt [etc.]
(Cynewulf *Christ* 547)
(cf. 'in a way appropriate to the facts or circumstances; fittingly, properly'; OED, *well,* adv. 5)

b. *c*900 **Cwæð** he: Wel þæt swa mæȝ, forþon hi englelice ansyne habbað.
(tr. *Bœda's Hist. ii.i.* (Schipper) 110)
(cf. 'With good reason; naturally; as a natural result or consequence'; OED, w*ell* adv., 8.a)

ここでは、伝達動詞とのコロケーションが共通であることが、OE の副詞用法の well から ME の談話標識 well への連続性を認める 1 つの有力な根拠になると言えよう。コロケーションが固定して、その固定したコロケーションの中で well が談話標識機能に推移してゆく、そのあとをたどることができるということではなかろうか。これは、先に第 3 節で触れたシェイクスピアの語彙的意味の look とディケンズの談話標識 look のコロケーションが共通である現象とともに、談話標識の通時的研究におけるコロケーションの重要性を示していると言えよう。

コロケーションの対象となる言語項目の広がりという点では、初期近代英語期から徐々にその傾向がみられるが、最大限に広がるのは現代英語期である。現代英語において 'most common', 'most frequent'であると報告されている連語例のほとんどのものは、初期近代英語、少なくともシェイクスピアにはみられない。この点についての詳細はのちほどみることにして、ここではこうしたコロケーションの変遷の中に談話標識 well の発達(特に初期近代英語以降)の姿をはっきりとたどることができる点を指摘するにとどめておきたい。

Schiffrin が現代英語の well を 'marker of response'(1987: 102–27) として分

析していることからも明らかなように、現代英語における談話標識 well の主要な用法は、「質問」(question) と「応答」(answer/response) から成る隣接対 (adjacency pair) の間にあって「応答」の直前に来るものである。しかし、この位置での使用は初期近代英語ではまれであって、それが現代英語の用法へと変遷しはじめるのは 1870 年から 1930 年の間であるという報告がある (Schourup 1999: 96, 112n.9)。この〈質問＋ well ＋応答〉のつながりも広い意味でコロケーションととらえれば、初期近代英語から現代英語にいたるコロケーションの通時的変化をたどる 1 つの項目と考えることができよう。

以上、第 4 節の通時的概観をまとめると、談話標識 well は初期近代英語期の後半からその機能を急速に広げてゆき、その後の発達はコロケーションの広がりによく反映していると言えそうである。この点を踏まえ、以下では初期近代英語期後半に属するシェイクスピアの例を検討してみたい。

5　シェイクスピアの談話標識 well

5.1　談話標識 well の判断基準

シェイクスピアの例を検討する前に、ここでは先ず談話標識 well の判断基準を確認しておこう。談話標識に含めないものは以下の引用にみられる用法の well である。(引用につづく括弧内の F1 は「第 1 フォリオ版」をさす。)

(9) a. *Th*[*urio*]. Where meete we? —*Pro*[*teus*]. At Saint Gregories **well**. (F1 TGV 4.2.84)

b. Where is thy Master Dromio? Is he **well**? (F1 Err 4.2.31)

c. That's **well** said. (F1 MM 2.2.109)

d. *Gon*[*eril*]. [...] Remember what I haue said. —*Osw*[*ald*]. **Well** Madam. (F1 Lr 1.3.21)

e. Three thousand ducates, **well.** (F1 MV 1.3.1)

(9a) から (9c) は well がそれぞれ名詞、形容詞、副詞として使われており、その語彙的意味が明らかな例である。(9d) の well は現代英語の OK, all right に相当するもので、「了解」「了承」の意味で使われていることから語彙的意味を持つと考えてよかろう。この例は、クォート版 (Quartos) においては強意語の very をともなって Very well Madam と表わされており、well の語彙的意味がより明確になっている。(9e) の well は、談話標識と理解するか、または「了解、了承」の意味で理解するかの間で判断のわかれる例である (浮網 2009: 61–63) が、本論では後続発話が形式上存在しないという点でこの例を談話標識に含めないこととする。ちなみに、このタイプの well はシェイクスピアの劇作品に 14 例を確認することができる (Wiv 2.1.143, 147; MV 1.3.1, 3, 6; TN 3.1.87; 2H4 3.2.245; AWW 3.5.88; Oth 3.4.183, 4.1.126; Cym 2.3.156; Ham 5.2.135, 5.2.146; Cor 1.1.142)。次の例は、後続発話が存在するという理由で談話標識ととらえる。

(10) a. *Pan.* Wilt thou go?—*Launce.* **Well,** I will go. *Exeunt.* (TGV 2.3.59)
b. *Pros.* [...] Do not approach / Till thou dost hear me call.
Ari. **Well;** I conceive. *Exit.* (Tmp 4.1.50)

5.2 談話標識 well の総数

以上の基準にしたがって判断すると、シェイクスピア劇に現われる談話標識 well は 466 例となる (well, well の反復は 1 例とする)。次の表にみるように、Schourup (1999) の数字とは多少異なるが、大体は一致すると考えてよかろう。

表 3 談話標識 well の頻度

	筆者	Schourup 1999
the word *well*	—	2,245
'marker group'	—	526
well as a marker	443	479
well, well, as a marker	23	-47 (in which *well* is repeated)
Total	**466**	**479**

両者とも基本的には Spevack (1973) にもとづいているが、違いは

Schourup が ‘marker group’ を想定して広く網を張り、後続発話のない (9e) の類の例も含めたことや、well が反復する例を除外したことなどによる。また、筆者の資料には、Spevack (1973) に記載はなくても Riverside (1997) 版にあるもの (Lr 4.03.38; Lr 4.03.50; R2 4.01.173; R3 4.02.112; R3 4.02.113)、その両者になくても第 1 クォート版 (Q1) やクォート版全般 (Qq) にあるもの (Q1 Rom 3.3.92; Qq R3 4.4.494) を追加している。可能性のある用例を広く含めることでコロケーションの傾向性をはっきりととらえるのがねらいである。

6　シェイクスピアの談話標識 well とコロケーション―その導入

6.1　先行発話と後続発話をとらえる―その先行研究

コロケーション (collocation) という時、それは「語」と「語」、つまり「語彙項目」(lexical items) 間のつながりをさして使われるのが一般的である (Sinclair 1991: 115; Crystal 2003: 83)。たとえば、*a* と *b* の両語が共起関係にある場合、*a* を軸 (node) にしてその共起関係をとらえると *b* が「共起語」(collocate) ということになり、*b* を軸にすると *a* が「共起語」ということになる (Sinclair 1991: 115)。本章のコロケーションの議論は、基本的には以上のコロケーションのとらえ方にしたがいながら、共起語 (collocate) を「語」のレベルにかぎらず、より広く「語句」「文」「談話」のレベルでの発話も含めたものとしてとらえている。いわゆる談話標識の well が本章の考察対象であることがその理由であるが、コロケーションを談話レベルでとらえようとする考え方は本論の独自性でもある。

談話標識 well をコロケーションの視点からみるということは、well に先行する発話および後続する発話をとらえることになる。現代英語に関しては、‘conversational units’ (Owen 1981) や ‘units of talk’ (Schiffrin 1985: 641) といった談話の範囲を想定し、well の先行発話を ‘referent’、後続発話を ‘response’として (Schiffrin 1985: 641)、先行および後続の発話との関係の中で well の機能をとらえようとした例がある。文 (sentence) 中での well の用法を、oh, ah, say の用法と比較しながら文法現象との関連でとらえようとした例もある (James 1978, etc.)

シェイクスピアの談話標識 well に関しては充分な分類や分析がなされているとは言いがたい。Schourup (1999) は、Jucker (1997) の通時的研究に刺激を受けてシェイクスピアの well を分析したまれな例であろう。Schourup (1999: 85–92) は、後続発話に関して現代英語の分類にしたがっておおよそ次のような様式分類をしている。

表 4　Well の後続発話様式— Schourup (1999: 85–92) の場合

1.	a directive
2.	a statement of intention or resolve
3.	an evaluation, summary, or conclusion [within turn]
4.	a somewhat different order of business [...] or [resumption of] an earlier topic [in many cases]
5.	closing expressions / an utterance which concludes a scene, an act, or even an entire play
6.	a question [in over thirty cases]
7.	a desiderative utterance [an utterance expressing a speaker's wish or hope]

さらに、Schourup (1999: 96) は先行発話についても、その分類分析にはいくつかの疑問点はあるものの、次のような興味深い報告をしている。

> *Well* does occur about 30 times in WS [W. Shakespeare] immediately after a question, but in almost none of these examples can the utterance following *well* be considered an answer, either direct or indirect, to the question.

6.2　コロケーションの様式

以上の経緯を踏まえ、以下の議論ではできるだけ具体的な表現形式をとらえることをめざして、表 5 のコロケーションの様式を想定しておきたい。

well に先行する発話を collocate -1、well の直後の発話を collocate +1、さらにその後に続く発話を collocate +2 というふうに、合計 3 つのスロットを well の前後に想定する。次の例で示すと、

表 5　コロケーションの様式―先行発話と後続発話

Collocate -1	+ *Well* +	Collocate +1	+	Collocate +2
(先行発話)		(後続発話 1)		(後続発話 2)

(11)　*Dion[yza]*. [...] Care not for me, / I can go home alone.　[Collocate -1]
Mar[ina]. **Well,** I will go,　[Collocate +1]
But yet I have no desire to it.　[Collocate +2]
(Per 4.1.42. *it* = to walk with Leonine, as suggested by Dionyza.)

マリーナ (Marina) の well に先行する発話 (下線部) を collocate -1 とし、後続の I will go を collocate +1、その後の but yet 以下を collocate +2 とする。このように談話の様式を固定することで、先行「命令文」に対する well の用法および後続の I will + but yet へのつながりをとらえようとするのがここでのねらいである。内容のある発話形式に関しては以上の 3 つのスロットの中でとらえることとして、そのスロットとは別に扱った方がいいと思われる項目は次の例にみられる my good lord の類の発話である。

(12)　*Lear*. [...] Why, Gloucester, Gloucester,
I'ld speak with the Duke of Cornwall and his wife.　[Collocate -1]
Glou.　**Well**, my good lord, I have inform'd them so.　(Lr 2.4.98)
[Address form]　[Collocate +1]

ここでも、リア王 (King Lear) の台詞の下線部を well に先行する発話、つまり collocate -1 ととらえ、それに応じたグロスター (Gloucester) の台詞中の well, my good lord, につづく発話を collocate +1 ととらえるのは (11) の例で示したとおりである。ここで異なるのは呼びかけ語の my good lord のとらえ方である。それをここでは内容のある発話形式のスロットとは異なる別のスロットとしてとらえることを示している。呼びかけ語と同様に別のスロットとしてとらえてよい語句には、now, then などの副詞類、and, but などの接続詞、i'faith などの感嘆詞的な発話も含めて考えてみたい。ちなみに、上掲の引用例では後続発話は collocate +1 までであり、collocate +2 は空白スロットであると考えてよい。

実際には、以上で想定したように単純に発話のつながりを固定することはむつかしい。それは実際の談話を分析してみればすぐわかることであるが、ここでのねらいはとりあえず様式を想定しておき、先行および後続の発話をとらえてみることである。以下では、本節で想定したコロケーションの様式の分析とその結果を報告する。先ず、呼びかけ語やその他の語句のスロットからはじめて、つぎに「後続発話 1」、「後続発話 2」、そして「先行発話」の順で検討して行こう。

7　シェイクスピアの談話標識 well とコロケーション―分析その 1

7.1　呼びかけ語とのコロケーション

7.1.1　種類と頻度からみる

ここでは、呼びかけ語とのコロケーションをみておこう。共起する呼びかけ語の種類と頻度は表 6 に示すとおりである。

全 466 例の談話標識 well の中で 91 例（19.5%）が何らかの呼びかけ語と共起する。その内の 46 例は 1 回だけ共起する語であり、2 回以上共起する語は少ない。その少ない呼びかけ語とその頻度は、sir が 32 回、my (good) lord が 5 回、(my) lords が 4 回、masters、niece はそれぞれ 2 回である。

32 回現われる sir は、呼びかけ語全体（91 例）の約 3 分の 1 をしめる。それは、標識の well と結びついて固定し定着していたと考えてよいであろう。さらに議論を進めると、呼びかけ語の sir も標識の well とともに「標識化」していたと考えることもできよう。この点を検証するには、「了解、了承」の意味で用いた well と呼びかけ語のコロケーションを検討し、両者を比較してみると面白い結果が得られる。

表6　呼びかけ語のコロケーション—その頻度

Total	91*	19.5 % (i.e. 91/466 instances of *well*)
Once each	46	
More than once: *sir*	32	(including one instance of *sirs*)
my (*good*) *lord*	5	(including two instances of *my good lord*)
lords	4	(including one instance of *my lords*)
masters	2	
niece	2	

(* 呼びかけ語の位置が多少異なる2つの様式を含む。つまり、well の直後に呼びかけ語が来る普通のコロケーションが 79 例であり、well の直後に何らかの短い発話が入りその後に呼びかけ語が来るものが 12 例である。)

表7　「了解」の well と呼びかけ語のコロケーション—その頻度

Compliance / Address form	*well* 28	*very well* 23	*well, well,* (*well*) 6	Total 57
sir	7	1	1	**9**
my lord	6 *	4	0	**10**
madam	0	1	0	1
my liege	0	1	0	1
None	15	16	5	36

[* my good lord を1例含む]

「了解」の well と共起する呼びかけ語は sir に偏ることなく、my lord もほとんど同じ頻度で現われている。つぎに、頻度は低いが madam と my liege も含めて、my lord, madam, my liege の3つの呼びかけ語はそれぞれの語彙的意味が明確である点に注目したい。つまり、これらの呼びかけ語が使われる人間関係をみると、それぞれ目下の人物から目上の人物に対して一方向的に使われる呼びかけ語であるという点である。さらに、呼びかけ語の種類が sir, my lord, madam, my liege の4つであり、共起する呼びかけ語の種類としては非常に狭いと考えてよかろう。一方、先の表6に示した標識の well は共起する呼びかけ語の種類、つまりコロケーションの幅という点でも広い上に、その呼びかけ語の中に niece のように目上から目下に対する人間関係の中で使われるものもみられる。呼びかけの sir が 32 例共起していて頻度としては非常に高くなっているが、それはこの語が目上と目下の人間関係の間で双方向に使われて、その機能が広いという点もてつだって固定し定着していると予測できよう。

7.1.2 テクスト間の異同からみる

つぎに、呼びかけ語の割合を検討しておこう。先に表6でみた呼びかけ語の割合は19.5%であったが、それがどの程度のものであるのかをここで検証しておこう。シェイクスピア劇のテクスト間で呼びかけ語の頻度と割合を比較してみると次の結果が得られた。

表8 呼びかけ語の割合比較—「悪質」クォート版*、第1フォリオ版および全劇作品

	Q1	F1	Sh. canon
Occurrence of address form / marker *well* (Percentage)	37 / 123 (30.1%)	19 / 99 (19.2%)	91 / 466 (19.5%)

(* 2H6, 3H6, HAM, H5, LR, R3, ROM, WIV の8作品をとりあげた。)

ここでは、8つの「悪質」クォート版(Q1)劇作品とその第1フォリオ版(F1)および標準テクストによる全劇作品(the Shakespeare canon)における頻度と割合を示した。Q1では、123例の談話標識wellの中の37例に呼びかけ語が現われ、その割合は30.1%である。一方、F1では99例の中の19例に現われ、19.2%である。F1の値は劇作品全体の値とほぼ同じである。談話標識wellの生起数だけを比較しても、F1の99例に対してQ1には123の例を確認することができる。この生起数がテクストの長さに反比例して、長いF1で低く、短いQ1で高くなっている点を考えあわせると、「悪質」クォート版の頻度は表の数字が示す以上に高いと言ってよい。

ここでの要点は、いわゆる「悪質」クォート版に呼びかけ語とのコロケーションが頻出することである。「悪質」クォート版がより口語的文体を反映していると仮定した場合、wellが呼びかけ語とのコロケーションを保ったままで定型化し、一種の「文体標識」('style marker'; Enkvist 1964, 1973; Culpeper 2001: 199)として機能したとも考えられる。

7.2　呼びかけ語以外の語句とのコロケーション

ここでは、談話標識 well に後続する共起語句の中で、呼びかけ語以外の項目を、呼びかけ語の場合と同様に、内容のある発話とは別にとりあげてみた。その語句と頻度は次のとおりである。

表９　呼びかけ語以外の後続語句の項目と頻度

後続語句	頻度	
then	38	(including eleven instances of *well … then*)
go to	7	(including one instance of *go to, go to*)
now	6	(including four instances of *well … now*)
and	4	—
but	2	—
come (*on*)	2	—
i'faith	1	—

ここでは、具体的な語句のコロケーションの可能性をできるだけ広く検討するために、多少異質と思える語句も一括してあげてみた。go to, come (on), i'faith は well と共起して感嘆詞的でもあり、談話標識とも強意語（句）とも理解できそうである。and, but も接続詞というよりも談話標識的に使われていると考えてよいものである。このような異質な語句を含めても、呼びかけ語以外で well と共起する語句はここにあげた７項目であり、それぞれの頻度も決して高いとは言えない。副詞 then が 38 回みられるだけであって、その他の語句の頻度は非常に低い。この点は、現代英語とくらべてみると明らかである。現代英語で最も頻繁に現われる（'most common; most frequent'（4.2 節参照））と報告されている語句は次のようなものである― you know, you see, I mean, look, really, then, so, no, yes (Svartvik 1980: 170；Owen 1981: 112) ; actually, as a matter of fact, really, well well (Carter and McCarthy 2006: 153)。ここで注目したい点は、現代英語では談話標識 well の共起語の幅が非常に広くなっているという点と、これらの共起語の中の then 以外のほとんどすべての語句がシェイクスピアにはみられないことである。現代英語に頻出しながらシェイクスピアにみられないこれらのコロケーションは、シェイクスピア以降に広まったものであることを確認しておきたい。この点

は、コロケーションの通時的変遷をたどる上で重要になろう。

8　シェイクスピアの談話標識 well とコロケーション —分析 その 2（後続発話の様式）

8.1　Collocate +1 の様式

8.1.1　総論

後続発話（Collocate +1）の形式を現段階で確認できる範囲で特定し、その頻度を調べてみると次のような結果が得られた。

表 10　Collocate +1 の発話形式と頻度

Collocate type	頻度	割合（466 例中）%
Declarative with *I* / *we*-Sbj.	148（120 / 28）	31.8（25.8 / 6.0）
Declarative with 3rd pers. Sbj. + *shall*	5	—
Declarative with 2nd pers. Sbj. + modal auxiliary verb	7	—
Imperative	110	23.6
Interrogative	30	6.4
Subordinate clause	21	4.5
Optative	13	—
Parting formulae	13	—
Other declaratives	119	25.5

Collocate type の項にあげた発話形式の分類は厳密なものではなく恣意的なところも残しており、今後さらに検討し修正する余地はある。ここでは、この表に示した発話形式にもとづいて議論を進めよう。談話標識 well に後続する発話の中で最も多い形式は、一人称代名詞（I, we）を主語とする平叙文（declarative）である。この形式は全 466 例中、約 32 %にみられる。その他の平叙文（other declaratives, etc.）が 2 番目に多い形式ではあるが、ここには雑多な主語の発話が分類されており、現段階では有意な形式としては特定できていない。つぎに目立つ形式は「命令文」（imperative）で、23.6 %をしめる。

8.1.2 〈一人称主語＋法助動詞〉の形式をめぐって

一人称主語をとる発話148例をさらに詳しく検討してみると、その述部に「助動詞」、特に「法助動詞」(modal auxiliary verb) が頻出することが観察される。148例の一人称主語発話のうち97例 (65.5%) に法助動詞がみられる。この97例の形式と頻度を示そう。

表11　*I/we*-subject + modal auxiliary verb の形式と頻度 (括弧内の数字は頻度)

I'll / I will (57), we'll / we will (10), I must (7), we shall (6), I shall (3), I would (4*), we must (3), I can(not) / could (4), I should (1), we cannot (1), we may (1)

* *would I were* (TIM 1.2.201) を含む。

法助動詞の中でも I'll/I will, we'll/we will の形式が大半をしめる点に注目したい。これは、この形式をともなった〈well ＋一人称主語＋ will〉のつながりが、コロケーションとして当時定着していたことを示すものである。それは、初期近代英語期後半における談話標識 well のいわゆる「表現的」(expressive) 用法の広がりという通時的変化 (4.2節参照) を反映したものであろう。一人称代名詞主語は、話者が自らを発言の前面に出して語ろうとするものであり、法助動詞 will は、主語として発言の前面に出た話者の意志や決断をさらに強く表わそうとするものである。話者の主観性を強く表現する言語形式という点では、〈二人称および三人称主語＋ shall〉の形式も同様に話者の態度の表明ととらえてよかろう。Fries (1994: 112–115) は、now + I / we の形式が古期英語からみられること、特に初期近代英語では法助動詞 will, shall, would をともなって頻出することを指摘している。この指摘は、well と同様の発達を示す例として興味深く、さらにテクストタイプと用法の関係を精査することで劇の「対話」「独白」それぞれの用法との比較検討が期待できよう (Fuami 1997: 186–187)。上でみたように、一人称主語平叙文につづいてきわだつ発話形式は命令文であった。命令文も話者の決断や意志を強く表明する文型であることからすれば、この発話形式とのコロケーションも談話標識 well の「表現的」(expressive) 用法の広がりという通時的変化との関係でとらえることができるのではなかろうか。

8.1.3 命令文をめぐって

つぎに、命令文の形式を検討してみよう。110例の命令文の中で極端に多い発話形式と言えるものは、表12が示すように見当らない。(括弧内の数字は頻度を示す。)

表12 Collocate +1 —命令文の形式(抄)

動詞：let (17), go (9), say (4), be (3), call (3), do (3), get (3), give (3), etc.
前置詞句：on ... (4), to ... (4), etc.
名詞句：no more (4), etc.

ここではletに注目してみたい。letではじまる命令文が17例で最も多く、他の発話形式にくらべて談話標識wellとの連語性が高いという点は興味深い。letの目的語をみると、一人称複数代名詞usと単数代名詞itの頻度が多少高く、それぞれ5回と4回出現する。他にthemとhimがそれぞれ2回、her, that, his father, my deedsが各1回みられる。以下のとおりである。

表13 *let*+O 型発話の形式と頻度

let us go/see/to ... (4), let's away (1); let it + V (4); let + them/him + V (twice each); let + her/that/his father/my deeds (once each)

以上の考察から次の点が指摘できよう。つまり、Blake (2002: 293) はwellが複数命令文 (plural imperative) と共起する例としてWel, **let vs** see honest Mr Page: (F1 Wɪᴠ 1.1.60) を示しているが、これに付言すると、「wellと共起するlet-型の命令文に現われる一人称代名詞は複数のusだけである」(筆者) と言うことができる。さらに、この点が現代英語の傾向とは異なることも指摘しておこう。現代イギリス英語を代表するBNCには、一人称単数代名詞を目的語にとる〈well + let + me〉の形式が、一人称複数代名詞を目的語にとる〈well + let + us〉の10倍以上の頻度で現れており、これは現代英語の傾向がシェイクスピアとはあきらかに異なることを示している。

8.1.4　従属節をめぐって

後続発話 (collocate +1) の中でみておきたいもう 1 つの形式は従属節 (subordinate clause) である。全体 21 例の内訳は、if/and [='if'] 節が 16 回、while (s) 節が 2 回、since, as, ere [='before'] の節がそれぞれ 1 回である。接続詞は 4 種類にすぎないが、ここでは従属節の特性をとらえるために後続発話 (collocate +2) に現われる主節の発話形式を併記して観察してみよう。

表 14　Collocate +1 の従属節と Collocate +2 の形式

Collocate +1	頻度	Collocate +2
if / and [=if]	16	I'll (4), I shall (2), I would (1), we should (1), shall (with 3rd-person subject) (2), you must, thou wilt, shalt thou (once each), etc.
while (s)	2	I'll / I will
since	1	I will
ere	1	I'll

ここで興味深いのは、どの従属節の場合にもその直後の主節に〈一人称主語＋法助動詞 will〉の形式を含むことである。特に、if/and 節の後続発話には一人称以外の人称代名詞と法助動詞を含む点もあわせて注目したい。それぞれの従属節のはたらきを具体例で検討してみよう。(下線は筆者。)

(13) a. [...] **Well**, and I be serv'd such another trick, I'll have my braines ta'en out and buttered, [...] (Wiv 3.5.6)

b. [...] **Well**, while I live I'll fear no other thing / So sore, as keeping safe Nerissa's ring. *Exeunt.* (MV 5.1.306)

c. **Well**, my lord, since you have given me leave to speak, / Freely will I speak. (Per 1.2.101)

d. [...] / **Well,** Catesby, ere a fortnight make me elder, / I'll send some packing [= send away] that yet think not on't. (Ff R3 3.2.60)

ここでは、接続詞 and [='if'], while, since, ere のいずれではじまる従属節も、主節中の I'll, will I で表明された話者の意志や意図を強化する、いわゆる「強意的な」はたらきをしている点を確認したい。この点に関連して面白いのは、(13d)のwellはフォリオ版全般(Ff)に現われる形であるが、これがクォート版全般(Qq)では次の引用にみるように、I tell theeの形で残っていることである。

(13) e. [...] / **I tell thee** Catesby. / [...] / Ere a fortnight make me elder, / Ile send some packing, that yet thinke not on it (Qq)

これはフォリオ版のwellにこめられた話者の強い意志と決断を明示的な表現で表わしているようで興味深い。

以上の例が示すことは、従属節がその本来の「条件」「時間」「理由」といった語彙的意味を薄め、主節で明示される「表現的」(expressive)で「主観的」(personal)なwellの機能を補強する方向にはたらいているということである。通時的には、先に第4節で概観したように、談話標識wellは初期近代英語期にその表現的機能を広げ、さらには主観性の度合いを深めてゆく方向に変遷しつつあった。そうした初期近代英語期にあって、表現性や主観性を強化するための従属節の用法は非常に斬新でユニークな表現ではなかったか。従属節の中でもif-節がきわだって多いのは、〈well + if-節 + I will〉のコロケーションが定着して人口に膾炙した陳腐な表現であったと考えることもできるかもしれないが、それが当時としては非常に斬新でユニークな表現としてきわだっていたと考えることもできよう。その辺りの言語状況を考えるにあたっては、次の点を踏まえておく必要がありそうである。

8.1.5 〈well + if-節 + I will〉のコロケーションをめぐって

ここで興味深いのは、if-節を含む〈well + if-節 + I will〉のコロケーションが、フォールスタッフ(Falstaff)の台詞に頻出する点である。次の例をみてみよう。

(14) a. [...] **Well**, if Percy be alive, I'll pierce him. If he do come in my way, so;

if he do not, if I come in his willingly, let him make a carbonado of me. [...] [*Exit.*] (1H4 5.3.56)

b. [...] **Well**, and I be serv'd such another trick, I'll have my braines ta'en out and buttered, give them to a dog for a New Year's gift. [...] (Wɪᴠ 3.5.6)

c. [...] **Well**, if my wind were but long enough [to say my prayers], I would repent. (Wɪᴠ 4.5.102)

d. **Well**, and the fire of grace be not quite out of thee, now shalt thou be moved. [...] (as Henry IV; 1H4 2.4.383)

引用の (14a) から (14c) は独白中に現われた例であり、フォールスタッフの思考パターンを支える重要なコロケーションの様式であるとみなしてよかろう。(14d) はヘンリー四世役を演じた際の対話中に出現する例であるが、フォールスタッフに特有のコロケーションであることを踏まえて理解する必要があろう。つまり、ヘンリー四世役を演じながらもその変装の裾からフォールスタッフ的な発話の流れがにじみでていると理解すれば、この場面での役柄の入れ替わりとその際の言語表現との間に新たな緊張関係を読みこむことができよう。

〈well + if- 節 + I will〉のパターン自体は、次のチョーサー (Geoffrey Chaucer c.1343–1400) の例にもみられるが、

(15) '**Wel**,' quod the Mauncipla, 'if it may doon ese / To thee, sire Cook, and to no wight displese ..., / I wol as now excuse thee of thy tale.
(Chaucer, *CT*, The Manciple's Prol., IX 27–29; quoted in Jucker 1997: 99)

シェイクスピアの例は、特定の人物にみられる個人言語癖のレベルでも使われている。このレベルの用法になると、それは「連語的文体」(collocational style (Hori 2004: 10 参照)) を成していると言えよう。この前提としては、フォールスタッフと条件節 (conditional clause) およびフォールスタッフと談

話標識 well との深い結びつきがあることも指摘しておかねばならない。

条件節については、『ヘンリー四世・第一部』におけるその出現割合をみると、フォールスタッフ 66%、ヘンリー王子 (Prince Henry) 22%、ホットスパー (Hotspur) 12% という結果が得られる (Burton 1973: 21 ff.; Blake 2002: 302)。条件節がフォールスタッフに特有の文構造として選択されていることは明らかであり、フォールスタッフの人物像と深く結びついていると考えてよかろう。同様に、談話標識の選択も特定の登場人物と結びつき得ると考えられる。ここでは談話標識 well について「標準テクスト」全体から使用回数の多い順に、5 回までの人物をあげてみよう。

表 15　談話標識 well と登場人物の使用回数

人物（登場劇作品）	使用回数	補足
Falstaff (Wɪᴠ, 1&2H4)	27	i.e. 9 (Wɪᴠ) + 13 (1H4) + 5 (2H4)
Prince Henry (1&2H4)	9	once in 2H4 || cf. 3 (as K. Henry in H5)
Launcelot Gobbo (MV), Pandarus (Tʀᴏ)	8	
King Richard III (R3)	8	cf. 3 (as Richard of Gloucester in 3H6 & R3)
Berowne (a lord; LLL), Launce (TGV)	7	
Angelo, the deputy (MM), Chief Justice, the Lord (2H4), Coriolanus (Cor), Ford (Wɪᴠ),	6	
Quickly (Wɪᴠ)	6	cf. 4 (as Hostess in 2H4)
Capulet (Rᴏᴍ), Don Pedro (Aᴅᴏ), Dogberry (Aᴅᴏ), Iago (Oᴛʜ), Leonato (Aᴅᴏ), Nurse (Rᴏᴍ), Rosalind (AYL)	5	

ここではフォールスタッフの使用回数に注目したい。それは 2 番目のヘンリー王子の 3 倍になる。フォールスタッフが 3 つの劇作品に登場するという事情があるので、たとえば『ヘンリー四世』の第一部と第二部だけでくらべても、ヘンリー王子が 9 回であるのに対してフォールスタッフは 18 回になる。一作品の頻度をみると、『ヘンリー四世・第二部』のフォールスタッフが 5 回であることから、上の表ではそれ以上の使用回数を示す登場人物を

あげたことになる。それぞれの人物が特異な人物像を示しているようにみえる。その特異な人物の中でも、談話標識 well との結びつきの強さではフォールスタッフがきわだっている点を指摘しておこう。

8.2　Collocate +2 の様式

8.2.1　発話形式特定のむつかしさ

後続発話の2番目として、ここでは collocate +2 の様式を示してみよう。実際には、この位置の発話形式を特定することは非常にむつかしい。発話のつながりのどこまでを談話標識 well の射程距離とするかは、談話の流れをどのように読むかにかかっており、それは形式上で特定できることがらではないのかもしれない。こうした本質的な問題があることを承知した上で、ここでは well の「読み」につながる可能性のあるコロケーションの様式を求めて、文脈の中で認められる発話形式をできるだけ特定してみよう。特定した形式の中には今後さらに検討を加え手直しを要するものもあるが、ここでは現時点で確認できる発話様式を示し、この発話位置（collocate +2）、つまり後続第2番目のスロットまでをコロケーションの様式としてとらえる意味を考察しよう。

8.2.2　発話様式と頻度

談話標識 well の全466例の内、collocate +2 のスロットに何らかの発話が後続していると認められる例は310例である。その発話様式と頻度を表16に示してみよう。

第8.1節でみた collocate +1 と同様、collocate +2 の位置においても〈一人称主語＋法助動詞〉の形式が多いことは注目にあたいする。一人称主語ではじまる67例の発話の中で、48例（72%）に〈一人称主語＋法助動詞〉の形式が現われ、これら48例の大半は話者である主語Iとその話者の強い意志や決断を表わす法助動詞 will との組み合せである。〈三人称主語＋法助動詞〉（14例）および〈二人称主語＋法助動詞〉（7例）も同様に話者の意志や判断を強く表わす形式である。話者の意志や決断を色濃く表わし、collocate +1

表 16　Collocate +2 の発話様式と頻度

No	Collocate type		頻度	参考発話（頻度）
1	**Declarative**		**123**	
	1.1	1st pers. Sbj. + aux	48	〈*I* (44)〉: *I'll / I will* (33), *I shall* (3), *I must* (3), *I can(not)* (3), *I would* (1), *[I] have to* (1); 〈*we* (4)〉: *we'll / we will, we shall / should* (once each)
	1.2	1st pers. Sbj. + V	19	*I* + V-*pray (you)* (2), *think* (2), *am* (2); *know, have known, have, have seen, hear, fear, care not, give, laud, trained* (once each) ‖ *we* + V-*are/ had/ talk* (once each)
	1.3	3rd pers. Sbj. + aux	14	S + *shall* (9)/ *must* (3)/ *should* (1); *she'll* (1)
	1.4	2nd pers. Sbj. + aux	7	*thou shalt* (3), *you must* (2), *you shall* (1), *thou wilt* (1)
	1.5	2nd pers. Sbj. + V	2	*you say/know not* (once each)
	1.6	Other declaratives	33	—
2	**Imperative**		**33**	—
3	**Interrogative**		**33**	—
4	**Interjection / marker, etc.**		**13**	*now* (4), *Ah, now* (1); *come,* (4); *Lord, Lord!* (1), *go to then* (1), *why* (1), *what ho* (1)
5	**Parting formulae**		**11**	*farewell* (4), *fare you/thee/ye well* (once each), *adieu* (2), *go home, adieu* (1), *let us take our leave* (1)
6	**Emphatic phrase/ clause**		**9**	*by heaven, 'fore God, good faith, even in..., prithee, that ever..., that shall...,* exclamatory, infinite present participle clause (once each)
7	**Conjunctive / conjunctive adverb**		**88**	—
	7.1	Conjunctive / conj. adverb (Adversative)	20	*but* (*yet*) (16), yet (4)
	7.2	Conjunctive / conj. adverb (Other)	68	*and* (34), *for* (9), *if/and* (9), *when* (3), *as* (3), *lest/since/ though* (twice each), *because* (1), *that* (1), *nor* (1), *so* (1)

の発話意図をさらに補強するという点では、「感嘆詞や標識の類（interjection/marker, etc.）」（13 例）、「別れの定型表現（parting formulae）」（11 例）、「強意語句（emphatic phrase/clause）」（9 例）なども、そうした発話形式ととらえられる。他の文型の中では、命令文（imperative）が話者の意志や判断を強く表わす発話形式の代表である。接続詞（conjunctive）につづく発話の中にも、（表16 には示していないが）〈一人称主語＋法助動詞〉の形式や命令文など、話者の意図や決断を表わす発話形式が多くみられることを考慮に入れると、談話標識 well の表現的機能が後続 2 番目の発話形式（collocate +2）にまで及ん

でいることを再確認することができよう。

8.2.3　Collocate +2 から談話の流れを読む

以上で観察した傾向は、談話の流れを逆にみて、後続 2 番目の発話形式からその前方に位置する後続 1 番目の発話形式を観察することによって一層はっきりとみえてくる。

表 17　Collocate +2 からみた Collocate +1 の様式

Collocate +1（頻度）	⬅	Collocate +2
Imperative (10); *I'll/I will* (5), *I must* (1), *we must* (1); *if*-cl. (5), *while*(*s*)-cl. (2); 3rd pers. Sbj.+ *shall* (1)	⇦	*I'll / I will*
Imperative (8); *I'll/I will* (7), *I shall/must* (once each), *we will* (1); Declarative (6), etc.	⇦	Imperative
Imperative (8), Interrogative (5), Declarative (4), *I will* (2), *if*-cl. (1), etc.	⇦	Interrogative

後続 2 番目の発話に〈一人称主語＋ will〉、「命令文」および「疑問文」が来るものについて、その発話形式に先行する発話（つまり後続 1 番目のスロット）に注目すると、そこにも〈一人称主語＋法助動詞〉の形式が多くみられることに気づかされる。さらに、「命令文」(imperative) が多く先行しているようすも確認できる。ここではその一部である次の例をみてみよう。

(16) a.　**Well**, come what will, I'll tarry at home.　(Prince; 1H4 1.2.145)

b.　A twelvemonth? **Well**, befall what will befall, I'll jest a twelvemonth in an hospital.　(Berowne; LLL 5.2.870)

(16a) (16b) ともに、後続 1 番目の発話形式は「命令文」ではあるが、その用法は強意的であり、前節でみた「強意の条件節」と同じく、後続 2 番目のスロットにおいて〈一人称主語＋ will〉で示された話者の意志と決断を補強するはたらきである。

8.2.4 Collocate +2 から well の用法を読む

つぎに、表 16 の末尾に挙げた「逆接の接続詞・接続副詞」(conjunctive/conjunctive adverb, adversative) の例を検討し、後続 2 番目の発話をコロケーションの様式としてとらえる意義を考えておこう。

(17) **Well,** I will go, [Collocate +1]
But yet I have no desire to it. [Collocate +2]
(PER 4.1.42)

この例では、後続 2 番目の but yet につづく発話 (collocate +2) がその前の発話 (collocate +1) に含まれる「躊躇」や「不本意」を示し、その発話を導入する well のはたらきをも明示している。その意味において、ここの but yet には形式上の「合図」としての意味があろう。次の例では、but yet の後につづくべき発話が空白になっている。

(18) *Gon[zalo].* Therefore my Lord. [...]
Alon[so]. I pre-thee spare [= stop].
Gon. **Well,** I haue done: But yet (F1 TMP 2.1.26)

しかし、この例も (17) の例と同様のコロケーションの様式の中でとらえることによって、well が、先行する命令文に対する単なる「了解」を意図しているのではなく、but yet で暗示される「不本意」「反論」といった話者の心的態度を表わす談話標識として機能していることを明示的にとらえることができよう。このことを踏まえて、次の例を検討してみよう。

(19) *Pan[thino].* Come; come away, man—I was sent to call thee.
Launce. Sir—call me what thou dar'st.
Pan. Wilt thou go?
Launce. **Well,** I will go [Collocate +1]. *Exeunt.* (TGV 2.3.59)

この例にみられる形式上の後続発話は I will go のみである。つまり、後続 1 番目 (collocate +1) の発話は存在するが、そこで発話が終わっておりその後に発話はつづいていない。言いかえると、後続 2 番目 (collocate +2) の位置がいわゆる空白スロットになっていると考えることもできよう。このように後続 2 番目の発話を想定することによって、ここでも (17) で明示的に表わされたコロケーションの様式、つまり〈well + [collocate +1] + but yet [collocate +2]〉を踏まえて well のはたらきをとらえることが可能になるということである。ここの例では後続 2 番目の発話は表わされていない。表わされていないが、(17) のように後続 2 番目までのコロケーションをとらえ、それを踏まえておくことで、ここでも (17) と同様の話者の態度を読むことができるという点が重要である。要点は、(17) に現われた形式上のコロケーション、つまり後続 2 番目までの発話を well の射程内にとらえておくことである。

(19) の well を、厳密な意味での談話標識ではなく「了解」の意味を表わす語彙的用法 (roughly equivalent in force to CE [i.e. Contemporary English] *very well then*) であるとする解釈もある (Schourup 1999: 98)。次例の well も「了解」を意味する応答用法であると解釈し、

(20)　*Pros.* Dearly, my delicate Ariel. Do not approach
　　　　Till thou dost hear me call.
　　Ari. **Well**; I conceive.　　*Exit.*　　(Tmp 4.1.50)

その語彙的意味は I conceive で明示されていると言う (Schourup 1999: 93)。ただし、これらの例は談話標識と認められるものであり (Blake 2004: 87 参照)、その機能は、ここまでの議論で示したようにコロケーションの視点からみることでとらえられるのではないかと思われる。次の例の well も同様に本論では談話標識ととらえている。

(21)　*Ber.* Do one thing for me that I shall entreat.

Cost. When would you have it done, sir?

Ber. O this afternoon.

Cost. **Well,** I will do it, sir: fare you well. (LLL 3.1.156)

9 シェイクスピアの談話標識 well とコロケーション —分析 その 3（先行発話 Collocate -1 の様式）

9.1 先行発話特定の問題点

発話様式の最後に先行発話に触れよう。先行発話の理解には、初期近代英語の問題、テクストの問題、文脈上の問題がからんでおり、その形式を特定することは後続発話の場合以上にむつかしい。特に談話標識 well が発言の冒頭（turn-initial）に来た場合、その先行発話を特定することは談話の流れをどう読むかという文脈の理解に関わることであり、well の直前の発話が必ずしも先行発話と判断できるわけではないというむつかしさをはらむ。たとえ直前の発話が先行発話となる場合でも、その発話の形式判断には現代英語の基準ではなく初期近代英語としての基準が求められよう。

9.2 先行発話の様式と頻度（その 1）—総論

総数 466 例の談話標識 well の内、発話が談話標識 well からはじまっていて well に先行する発話が台詞としては表わされていない例は、28 例にすぎない。その 28 例の中で、16 例の well が対話中の発言の冒頭に現われ、8 例が独白の冒頭に、そして 4 例が引用語句の冒頭に現われる。

それ以外の 438 例が、台詞として何らかの先行発話が存在すると判断できるものである。主な発話形式を、それぞれの形式が先行した場合の well の発言内位置による頻度とともに表 18 に示してみよう。

先行発話の大多数をしめる形式は平叙文（declarative）の形をとった陳述文（statement）と判断できるものであり、命令文（imperative）と疑問文（interrogative）がそれにつづく形式である。ここでは、well の発言内位置による頻度に注目してみたい。

表 18　先行発話（Collocate -1）の様式と頻度－総論

Collocate type	頻度	well の発言内位置による頻度			
		Dialogue scene		Monologue/aside	
		Initial	Non-initial	Initial	Non-initial
Declarative	313	211	64	2	36
Imperative	48	41	6	1	—
Interrogative	39	13	18	—	8
Others	38	23	13	—	2
None	28	20*	—	8	—
Total	466	308	101	11	46

* 引用語句の冒頭の 4 例を含む

総数 466 例の well のうち 409 例（87.8%）が対話場面（dialogue scene）に現われ、独白・傍白（monologue/aside）では 57 例（12.2%）にすぎない。well の発言内位置をみると、独白・傍白では 46 例（80.7%）が発言内部（non-initial）に現われるのに対して、対話場面では 308 例（75.3%）が発言冒頭（initial）に現われる。

場面による発言内位置の偏りの問題は次節でみるとして、対話場面をみるかぎり発言冒頭での使用が際立っている。

現代英語では well が発言の冒頭と発言内部のどちらの位置においても同じ頻度で起こると言われる（Svartvik 1980: 169）ことからすれば、シェイクスピアの全体的な傾向は現代英語とは異なると考えてよかろう。（シェイクスピアのテクストと well の発言内位置の問題について詳しくは、Fuami 2004: 100–101 および Fuami forthcoming: § 5 を参照されたい。）

9.3　先行発話の様式と頻度（その 2）―命令文、疑問文を中心に

表 19 にあげる先行発話の形式は、数こそ少ないがコロケーションの様式をみる際の重要な視点を与えてくれる。

ここでも well の発言内位置による頻度（特に○で囲んだ部分）に注目してみよう。命令文（imperative）が先行する場合、well は対話場面の発言冒頭（turn-initial）に 41 例（85.4%）現われるのに対して、発言内では 6 例（12.5%）にすぎない。しかもこの様式は独白（monologue）中では発言冒頭に 1 例みら

表 19　先行発話（Collocate -1）の様式と頻度—平叙文以外の発話形式

Collocate type	頻度	wellの発言内位置による頻度			
		Dialogue scene		Monologue/aside	
		Initial	Non-initial	Initial	Non-initial
Imperative	48	41	6	1	—
Interrogative	39	13	18	—	8
Optative	7	3	2	—	2
Interjection	7	1	6	—	—
Parting formulae	3	3	—	—	—
Conjunction:					
(1) but (for ... / now ...)	3	—	3	—	—
*(2) if**	3	1	2	—	—

* making a stop-short utterance.

れるだけで、発言内部にはみられない。〈命令文＋ well〉の様式は対話場面にみられる様式であり、特に発言交替（turn-taking）の際に現われやすいと言えよう。

つぎに、疑問文（interrogative）が先行する様式を考えてみよう。この場合、wellの発言内位置による頻度は命令文の場合とは逆の傾向を示す。対話場面の発言交替の箇所では13例（33.3%）にすぎないが、同じ対話場面でも発言内部には18例（46.2%）が現われる。これに独白中の8例（20.5%）を加えると、発言内部に現われるものは26例（66.7%）になる。つまり、〈疑問文＋ well〉の様式は、発言交替の場面においてよりも、発言内部において多用される様式である。この様式は、特に独白において自問自答および自問しつつ話題の転換を図ろうとする話者の意識の流れを支えるコロケーションとなっていると考えられる。そういう意味では、フォールスタッフに多用される〈well ＋ if- 節＋ I will〉の様式（8.1.5節参照）にならって、登場人物の性格化および内面化との関連をも考察する必要があろう。同様の傾向は、頻度こそ少ないが間投詞（interjection）や接続詞（conjunction）のbut, ifにおいてもみられる。

9.4　先行発話の様式と頻度（その3）—感嘆詞、接続詞を中心に

最後に、感嘆詞および接続詞とのコロケーションに触れておこう。これら

の例の well は話者の発言内部で起こるものがほとんどであり、先行する感嘆詞や接続詞とのつながりをコロケーションとして特定しやすいと言えよう。感嘆詞の例は次の 6 例である。（引用箇所表示の前に発話者を入れている。）

(22) a. Monday! ha, ha! **Well,** We'n'sday is too soon, / A' Thursday let it be — [...] (Capulet; Rom 3.4.19)

b. Ha, ah, ha! **Well**, masters, good night. [...] (Dogberry; Ado 3.3.84)

c. [Bianca] So hangs, and lolls, and weeps upon me; so hales and pulls me. Ha, ha, ha! [...] **Well,** I must leave her company. (Cassio; Oth 4.1.144)

d. [...] Ah, Rome! **Well, well,** I made thee miserable [...] (Titus; Tit 4.3.18)

e. Ah sir! ah sir! **Well,** death's the end of all. (Nurse; Q1 Rom 3.3.92)

f. O, go to. **Well, well,** / Of all the faults beneath the heavens, the gods/ Do like this worst. (Cleon; Per 4.3.19)

これら 6 例の中で、(22e) は第 1 クォート版 (Q1) の例であるが、第 2 クォート (Q2) 以降の版では well が削除されている。現代版でも少数の版 (Malone 1821, Clark *et al.* 1863–6, Alexander [1951] 1978, etc.) をのぞいて、Nicholas Rowe (1709–10) 以降のおおかたの版は Q2 以降の版にならって well を削除している。仮にこの例を除外すると残りは 5 例にすぎない。現代英語では oh や ah のような感嘆詞とのコロケーションが頻繁であると言われる (4.2 節参照) が、シェイクスピアでは非常にまれであるという点を指摘しておかねばならない。

接続詞が先行する例は感嘆詞の場合以上に少ない。例は少ないが、次の例にみるように接続詞 but と談話標識 well のつながりを確認することはできよう。

(23) a. [...] but for you –**well**– go to. (Quickly; Wiv 1.4.154)

b. [...] <u>but</u> now –**Well,** on.　　(Cleopatra; ANT 4.4.38)

ここの but を談話標識と理解することも可能であろうが、ここでは「接続詞」ととらえて議論を進める。これらの例では、いったんは展開しかけた談話の流れが接続詞 but によって急きょ中断され、その中断とその後につづく主観的な決断へのつながりを談話標識 well が担っている。その談話の流れは、〈but + for you/now + well〉のつながりをコロケーションととらえることで一層はっきりと認識することができよう。次の if- 節の例も、同様な談話の流れを明示していると考えてよかろう。

(24) a. I cannot speak. <u>If my heart be not ready to burst</u> —**well,** sweet Jack, have a care of thyself. (Doll; 2H4 2.4.380)

b. <u>And [=if] her hair were not somewhat darker than Helen's</u> —**well,** go to! —there were no more comparison between the women! But for my part, she is my kinswoman; I would not, as they term it, praise her, [...] (Pandarus; TRO 1.1.42)

いずれも、if- 節の後に談話標識 well を介して主観的な決断や判断を表わす発話がつづいている例であるが、ここでも if- 節を先行発話ととらえることによって話者が自身の発言内で主観的判断を導入する、その仕方をコロケーションとしてとらえることができるのではなかろうか。同様に if- 節を先行発話ととらえても、それが発言交替の間で起こる場合は多少事情が異なる。

(25) *Jul.* Do not swear at all; / Or if thou wilt, swear by thy gracious self, / [...]
Rom. <u>If my heart's dear love</u>—
Jul. **Well,** do not swear. Although I joy in thee, / I have no joy of this contract to-night, / [...] (ROM 2.2.116)

談話標識 well が話者の主観的な判断や決断を導入していることに変わりはないが、先にあげた発言内部の例ほど強い if- 節と well のつながりは認められない。このような例では、well が相手の話を中断して話者自身の発言をはじめるための標識として機能していると考えられることから、if- 節であろうがなかろうがその先行発話の形式はさほど問題ではなく、むしろ後続発話とのコロケーションが重要になるであろう。

10　まとめ

ここでは本章での分析をふりかえって、明らかになった要点を確認しておこう。

第 2 節と第 3 節では、次の点を探求し概観した。

（1）　談話標識の通時的研究はまだ新しい研究分野である。通時テクストにおける談話標識の存在が意識されはじめたのは 1990 年代であり、その本格的な研究は 1990 年代後半から盛んになった。

（2）　談話標識の通時的研究においてはコロケーションの視点が有効である。

第 4.1 節では、談話標識 well の発達を概観し次の諸点を整理した。

（3）　古期英語以降一貫している点は、話し言葉（spoken medium）での使用と発言冒頭（initial position）の使用位置である。

（4）　中期英語以降一貫している点は、‘well’の語彙項目とテクスト形成的（textual）機能である。

（5）　初期近代英語期後半から獲得または復活した機能およびはたらきは、古期英語で一度途絶えた対人関係的（interpersonal）機能、日記・ハンドブック・フィクションでの新たな使用、さらには発言内部（non-initial position）での使用である。

第 4.2 節では、談話標識 well の発達をコロケーションの視点から再考し、次の諸点を確認した。

（6） 語彙項目および機能の面では断絶しているかにみえた古期英語と中期英語は、コロケーションの視点からみると、その継続性・連続性を観察することができる。さらに、談話標識の通時的発達のあとをたどる可能性も考えられる。

（7） 初期近代英語以降の通時的発達はコロケーションの変遷、つまりその広がりと多様化の中にたどることができる。

第6節以降では、コロケーションの視点からシェイクスピアの談話標識 well の分析をこころみ、次の諸点を明らかにした。

（8） 呼びかけ語とのコロケーションにおいては、談話標識 well の方が、語彙的意味を持つ応答標識 well よりも、項目と意味の両方に関して多様な語とのコロケーションを示す。

（9） 呼びかけ語とのコロケーションは、テクスト間で異なり、テクストの文体特徴を示す可能性を持つ。

（10） 副詞類とのコロケーションは非常に限定的であり、then（38例）と now（6例）のみである。現代英語に多いと言われる副詞類はシェイクスピアにはほとんどみられない。ここに、初期近代英語期後半から現代英語期への通時的変遷をはっきりとみることができる。

第8節以降では、後続発話と先行発話をコロケーションの様式にそって分析し、次の特徴を明らかにした。

（11） 後続発話に〈一人称主語＋法助動詞〉、〈三／二人称主語＋ shall〉の形式が頻出すること、およびそれは談話標識 well が表現的機能へ推移する通時的発達を反映したものであること。

（12） 後続発話に平叙文につづいて命令文が多いこと、および命令文とのコロケーションも表現的機能と関連するであろうこと。

（13） 〈well ＋強意節＋ I will〉、特に〈well ＋ if- 節＋ I will〉のコロケーションが、通時的には談話標識の表現的機能や主観性をさらに補足し強化する、当時としては斬新でユニークな表現であった可能性が高いこと。

(14)　コロケーションの様式の中に後続第 2 番目のスロットを想定することにより、談話の流れを一層はっきりと考察することができる。

(15)　先行発話をとる様式は発言交替の場面で極端に多い。これは、ほとんどの場合、談話標識 well が対話場面の発言冒頭に来ることを意味しており、現代英語の傾向とは異なる。

(16)　先行発話に命令文をとる〈命令文 + well ...〉の様式は、発言交替の場面で頻出する。一方、先行発話に疑問文をとる〈疑問文 + well ...〉の様式は発言内部で多用されて、登場人物の性格化や内面化とも結びつく可能性が高い。

(17)　先行発話に感嘆詞をとる様式は、現代英語にくらべて極端に少ない(先の (10) を参照)。

(18)　先行発話に接続詞をとる様式は多くはないが、そのコロケーションは談話の流れを明示し、話者が自分の発言内で主観的判断を導入するその仕方を明示してくれる。

おおよそ以上の諸点を検討した。本章では、コロケーションの概念を広くとらえてコロケーションの様式を想定し、談話レベルでの発話のつながりをできるだけ具体的な表現の中で通時的にとらえようとこころみた。さらに検討すべき課題を多く残したままで議論を進めながら、結果的にはシェイクスピアのテクストに残された談話標識を通時的コンテクストの中で理解する上で参考になると思われる、いくつかの重要な点も明らかにすることができた。今後、これらの諸点をテクストの個々の箇所の解釈に援用していかなければならない。

注

1 引用文中のシェイクスピア劇の題名の略形は、C. T. Onions, *A Shakespeare Glossary* (ed. R. D. Eagleson, 1986) にしたがっている。題名につづく数字は、*The Riverside Shakespeare* (2nd ed., 1997) にしたがって、幕、場、行数を示す。引用文中のボールド書体、下線は筆者。クォート版、フォリオ版からの引用中の long 〈s〉 は short 〈s〉 で代用している。

第5章 『妖精の女王』における脚韻語のコロケーション

小迫 勝

1 はじめに

1.1 本章の研究対象と目的

本章の主たる研究対象は、初期近代英語の叙事詩『妖精の女王』(*The Faerie Queene*) (FQ) の第3巻第1歌において、脚韻を踏む形容詞句あるいは形容詞相当語句が修飾語として機能する名詞句のコロケーションである。

本章の目的は、これらのコロケーションを英詩の歴史のなかで観察することにより、この詩のコロケーションに見られる伝統性と独創性を明らかにして文体的特質の一側面を浮き彫りにすることである。また、このような通時的文体研究が同時に、コロケーションを英語史の一側面として捉える研究の一端を担うものであることを示すことである。

コロケーションの研究を英語史の研究領域に位置づけるにあたって、第1章でつぎの4つの課題が提示された。

(1) 各時代のコロケーションの記述

(2) 個々のコロケーションの変化の記述

(3) 時代の変化においても変わらないコロケーションの記述

(4) 個人やジャンルにおける特異なコロケーションの記述

本章はそのうち、主に (3) と (4) の課題に関わる研究と言えよう。上記 (3) の課題に関連して、時代の変化においても変わらず Spenser より前の詩に見られるコロケーションが FQ でも使用されている例を伝統的コロケーションとして記述する。また (4) に関連して、FQ だけに見られる特異なコロケーションを記述する。さらに、先行する時代の詩には見られないFQのコロケーションが、後の時代の詩に引き継がれているコロケーションをSpenser流のコロケーションとして記述する。

1.2 本章におけるコロケーションの通時的視点

本章の目的を達成するにあたって、コロケーションを通時的に論じる視点として第1章で提示されたつぎの3つの視点と、本章との関わりについて明らかにしておきたい。

（1） Lexical collocations（語彙的コロケーション）

（2） Grammatical collocations（文法的コロケーション）

（3） Semantic collocations（意味的コロケーション）

最初に「語彙的コロケーション」の視点、つまり「ある語がどのような語と共起しているのか」という視点について、本章は初期近代英語の詩作品であるFQを中心に、脚韻を踏む語が形容詞句あるいは形容詞相当語句として、どのような主要語と共起して名詞句を形成しているのかについて記述する。

つぎに「文法的コロケーション」の視点、つまり「ある語がどのような文法的特性と共起しているか」という視点について、本章はFQにおける脚韻語が、形容詞としてあるいは形容詞的に機能して主要語を修飾する名詞句のコロケーションを論じる。

最後に「意味的コロケーション」の視点、つまり「ある語がどのような意味領域の語と共起しているのか」という視点に関して、本章は、形容詞句あるいは形容詞相当語句の意味的特性と主要語の意味的特性を記述する。

しかし、上記3つの視点それぞれに関して同時に提示されている変化を探る課題、つまり「共起する語の変化を探る」課題、「共起する文法的特性の変化を調査する」課題、「共起する意味領域の変化を見ていく」課題には論及しない。なぜならば、これらの課題を解決するには、ある語をキーワードとして、その語に関する歴史を包括的に調査する必要があり、それぞれ独自のテーマとして考察されるべき課題であるからである。

2　名詞句の内部構造

本章の検証に先立って、名詞句の内部における形容詞句および形容詞相当語句の文法的機能について、最近出版された Carter and McCarthy (2006) に基づいて明らかにしておきたい。FQ における名詞句の文法的内部構造は、詩的言語に特異な構造は別にして、基本的には現代英語のそれに準じて考察することができるからである。

2.1　名詞句内部における従属的要素の文法的機能

Carter and McCarthy (2006: 323–324) によると、名詞句は 3 つのタイプの従属的な要素を含みうる (図 1 参照)。それは限定詞 (determiners) と修飾語 (modifiers) と補部 (complements) である。限定詞は名詞句によって指示されるタイプを示し、定冠詞、不定冠詞、所有形容詞から成る。本章では、限定詞は主たる調査の対象としない。修飾語は、主要語 (head) である名詞の、大きさ、色、素材、空間における場所や時間など、その性質や属性を示すものである。補部は、主要語である名詞の意味を完全なものにする (complete) 要素である。たとえば、fact, claim, suggestion, idea, thought, statement などは、何かあるものについて述べている名詞であり、補部によって必要な情報が与えられて意味が完全なものになるのである。

主要語である名詞の前に来うる従属的要素としては、2 つのタイプがある。それは限定詞と前置修飾語 (premodifiers) である。主要語の後ろに来う

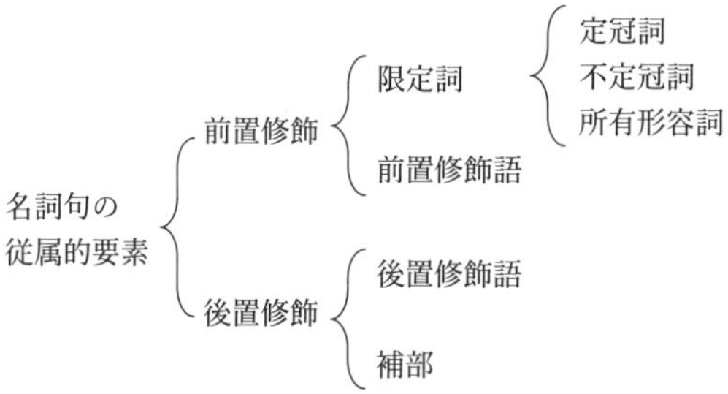

図 1　名詞句の従属的要素

る従属的要素にも2つのタイプがある。それは後置修飾語(postmodifiers)と補部(complements)である。補部と後置修飾語は文法的機能が異なる。後置修飾語は、どの人が、あるいは、どの物が、あるいは、どのタイプの人が、あるいは、どのタイプの物が言及されているのかを特定する機能を果たすものである。後置修飾する要素のなかで主たるものは関係詞節である。そして、後置修飾する語(句)は、関係詞節によって言い換えることができる。例えば、the house **nearby** は the house **which is nearby** と、the girl **in jeans** は the girl **who is wearing jeans** と、それぞれ言い換えることができる。

いっぽう補部は名詞句の意味を完全なものにする機能がある。たとえば、a rise in interest rates において、下線部は rise の意味を完全なものにしている。このような補部の働きをする前置詞句は、関係詞節を用いて言い換えることができない。つまり、a rise in interest rates は、*a rise which is in interest rates と言い換えることができない。同様に、the mother of three little children は、*the mother who is of three little children と言い換えることができない。

後置された従属的要素を擁(よう)する名詞句のコロケーションを論じる場合、補部として機能する要素と、後置修飾語として機能する要素を識別する必要がある。本章で調査の対象としたコロケーションの用例は、すべて関係詞節を用いて言い換えることができるため、補部としてではなく後置修飾語として機能していると見なすことができる。

さらに、Carter and McCarthy (2006: 325) は、前置修飾語と後置修飾語それぞれについて、文法的タイプを次のように分類している。本章はこれらのタイプを基本にして記述するが、これらすべてのタイプが調査対象に含まれているわけではない。また、これらのタイプに当てはまらない場合もあり、その場合には適切なタイプを設定する。

2.1.1 前置修飾する要素の主なタイプ

前置修飾する要素の主なタイプは以下の2つであるが、本章の調査対象には名詞句のタイプは見当たらず、すべて形容詞句のタイプである。

• 形容詞句：

a **different** bus; a **very important** meeting; a **stabbing** pain; a **hastily written** request

• 名詞句：

a **stone** wall; **media** hype; a **first-year-undergraduate** seminar

2.1.2 後置修飾する要素の主なタイプ

後置修飾する要素の主なタイプは以下の 6 つである。

• 完全な関係節：

the newspaper **I have always bought**; the fighting **which accompanies every international football match between the two countries**

• -ing 関係節：

that short fat man **walking through the shop**

• -ed 関係節：

the six Cuban nationals **held in custody by rebel soldiers**

• to- 不定詞関係節：

We had a long journey **to make before nightfall**.

• 前置詞句：

Those piles **on the floor** are exam papers **from last year**.

• 補部を含む形容詞句：

a jacket **similar to yours**; parents **eager to support their children's efforts**

これらのタイプのほかに、元来 all one であったものが alone の形で主要語を後置修飾する例も見られる。

また、上記 のタイプのうち最後の、「補部を含む形容詞句」のタイプに加えて、Sugden (1936: 82) は、FQ において most を伴う最上級の形容詞はしばしば後置修飾される、と指摘して以下のような例を引用している。

Stones **most pretious rare**. (1.7.29)

A Virgin Queene **most bright**. (2.11.2)

しかし、後置修飾する要素としては most を伴う最上級の形容詞や補部を含む形容詞に限らない。つまり、原級の形容詞(句)が単独で後置修飾する場合が少なくない。弱強5歩格を基本的な韻律とし、かつ規則的な脚韻を踏むFQにおいて、これら韻律や脚韻の要請はもとより、強勢が置かれて目立つ行末に配置された形容詞あるいは形容詞相当語句は、意味的な強調が意図されている可能性があろう。

さらに、名詞句も後置修飾している。したがって、本章であつかう後置修飾のタイプは以下のようになる。

・-ed 関係節
・補部を含む形容詞句
・補部を含まない(原級の)形容詞句
・all one に由来する alone の形容詞的用法
・名詞句

2.2 名詞句における主要語と従属語の意味的特性

ここでは、意味的特性を識別する方法について述べておこう。Leech and Short (2007: 61) は、語彙を意味的特性に基づいて分類するためのチェックリストを提示した。

名詞に関しては、抽象的 (abstract) か、具象的 (concrete) か。抽象名詞の場合、どのような種類に分けられるのか。たとえば、出来事 (events)、知覚 (perceptions)、過程(processes)、道徳的特質(moral qualities)、社会的特質(social qualities)に関わるものであるのか、など。本章ではそれらに加えて、情緒、心理に関わるものなど、適宜コンテクストに照らして適切な特質を識別して記述する。

形容詞の意味的特性については、どのような属性(attribute)を有しているのか。物質的(physical)なものか、あるいは、心理的(psychological)、視覚的(visual)、聴覚的(auditory)なものか、あるいは、色彩(colour)に関するものか、指示的(referential)、感情的(emotive)、評価的(evaluative)なものであるのか、などである。これら形容詞についても、コンテクストに照らして適切な特質を識別して記述する。また、複数の意味的特質が混在している場合には並置して記述することにする。

3 『妖精の女王』と脚韻語とコロケーション

Edmund Spenser (1552?-99) が創作したFQは、英国の文芸復興期（ルネッサンス）における代表詩の1つと評されている。文芸復興の華が開いたエリザベス朝時代の英語には、当然ながら古典ギリシャ・ラテン語をはじめ、イタリア語やフランス語など外来語が奔流となって流入した。このような言語的・文学的状況と、スペインの無敵艦隊を撃破して国が隆盛の勢いを増し、国粋主義の機運が高まった政治的・経済的・文化的状況が相まって、Spenserは、イギリス古来の言語資源をできるだけ活用して、古典ギリシャ・ラテンの文学に匹敵しうる質の高い文学作品の創造を目指した。そして、当時の政治情勢や世情などを織り交ぜながら、「紳士あるいは気品のある人物を養成する」(Sir Walter Raleigh への手紙参照) 意図のもとに、FQを創作したのである。政治的・社会的な状況への直接的な言及は筆禍を招きやすいため、作品の舞台を敢えていにしえの妖精の世界に設定し、寓意詩の形式をとった。この詩の言語構造は、Spenser当時の初期近代英語のそれを基本としながらも、いにしえの世界の雰囲気を醸し出す意図もあって、主に語彙の選択において古語を多用しているのである。FQの英語が古めかしく感じられるのは、主にそのような理由による (Sugden 1936: 10)。

Spenserは若き20代後半に、『羊飼いの暦』(*Shepeardes Calender*) (SC) (1579) を創作し、詩の内容をはじめ古語の使用や詩形の選択において実験的な試みを企てた。それが成功をおさめ詩人としての地位を確立したのであった。その後FQという英雄の冒険を物語る叙事詩の創作にあたって、物語の流れにふさわしい詩形を編みだした。それは、Spenser連と呼ばれているもので、各連（スタンザ）が9行から成っている。その脚韻構造はababbcbccであり、各行は弱強5歩格（最終行のみ弱強6歩格）の韻律を基本とする。この詩形を基本としながら、物語の内容に応じて連の内部構成を自在に変化させ、夢幻の詩的世界を創造している。騎士の冒険を物語るこの詩において、中世のロマンス的要素を醸(かも)す言語材として、主に中期英語後期の代表的な詩人、Geoffrey Chaucer (?1340–1400) の詩的言語をはじめ、John Lydgate (1370?-1449) の言語、あるいは Sir Thomas Malory (1400?-1471) の『アーサー王の死』の言語などを参考とした。Spenser とほぼ同時代の詩人としては、Thomas Sackville (1536–1608) の言語や、Tottel's Miscellany の言語などを参考とした (Sugden 1936: 9)。Spenser は、Chaucer の英語を、「汚されていない英語の泉」("well of English undefyled" FQ 4.2.32) と賞賛したことはよく知られている。しかしながら、現在において Chaucer 作品の正典 (canon) とされているテクストは、Spenser が親しんだそれとは同じでないことも念頭に置いておかねばならない (Burrow 1990: 145)。Burrow によると、Spenser が読んでいたとされる *The Woorkes of Geffrey Chaucer* (1561) には、Chaucer によって書かれたものではないとされる 39 箇所が含まれていると言う。

Spenser はこのように先人の文学言語を参考としながら、独創的な表現の工夫を随所にちりばめている。一般的に言って詩作の過程で、弱強 5 (6) 歩格の韻律と ababbcbcc の脚韻構造を基本として文構造を構築するとき、脚韻語の選択が核となり、きっかけとなるであろう (Masui 1964: 3–4)。

Spenser は脚韻語の選択にあたって、文脈上必要な意味を担うことができる語、行末の押韻や韻律といった形式的な要請を満たすことができる語、かつ古風で詩的な効果を生みだすことができる語として古語や方言など、あらゆる言語材を縦横に駆使している。さらに、文脈のなかで必要とされる特有の意味をにないうる適切な語がない場合には、新語を自由に創りだした。脚韻語が絡むコロケーションにおいてもしかりであり、さまざまな工夫を凝らしている。Spenser のコロケーションが、先人に使用例が見られる伝統的なものなのか、Spenser に固有の独創的なものなのかについて歴史的に探るとき、本章が脚韻語に絡むコロケーションを主な対象とする理由はそこにある。

また、古来親しまれてきた頭韻が絡むコロケーションが、単なる装飾的な要素にとどまらず脚韻語の選択にあたって重要な要因となっていると思われるが、この問題についてはコロケーションの通時的研究における今後の課題の 1 つとして本章のおわりに触れることにする。

FQ 第 3 巻は、序歌と 12 の歌（カント）を合わせて、全体として 677 連から成っている。各連は 9 行で構成されているので総数 6,093 行となる。第 1 歌は 603 行から成っているので、第 3 巻全体のほぼ 10 分の 1 の分量である。中世英詩からチューダー詩に至る膨大な量のデータベースに基づいて、FQ におけるコロケーションの独創性を歴史的に検証するためには、時間的にも能力的にも調査対象を絞らざるを得ない。このようなわけで部分的な調査ではあるが、Spenser のコロケーションについて歴史的な一側面を明らかにしてゆきたい。

なお本章は原資料として Kosako (1995) を利用している。これは Hamilton (2007) の参考文献に掲載されているものである。コロケーションを英語史的観点から概説しようとする本書の事例研究の 1 つとして、本章は原資料のデータを概説的に読みやすく整理し直したものである。さらに、コロケーションが機能している前後のコンテクストに日本語訳を付し、適宜コロケーションの働きについて解釈を試みる。このようにして筆者は、文学テクストを読むにあたって当時の言語使用状況や使用環境等を含めて、できるだけ言語事実に客観的・科学的にアプローチして記述するだけでなく、その記述された言語事実がコンテクストに照らして作品の主題とどのように関わっているのか、あるいは、そのコンテクストにおける語り手のメッセージとどのように関わっているのかについて解釈し評価する文体論研究（小迫 2008: 179–181）と、コロケーションを英語史研究の一側面に位置づける研究とのインターフェイスを試みる。

なお、FQ は第 1 巻から第 3 巻までが 1590 年に出版された。その後、部分的に修正された第 1 巻から第 3 巻までを含めて第 1 巻から第 6 巻までが 1596 年に出版された。そして、第 7 巻として現存する第 6 歌と第 7 歌が 1609 年に出版された。本研究は、Hamilton (2007) のテクストに拠っている。

4　利用したコーパス

本章がコーパスとして利用したデータベースは、Barnard他によって出版されたEnglish Poetry Full-Text Databaseである。このデータベースは、アングロ・サクソン時代の600年から19世紀（1900年）にいたる1,350人の詩人の作品を包括的に網羅している。これらの作品を機械で読み取りができるように、CD-ROMと磁気テープに採録したものである。人文関係の分野でこれまで出版されたものの中で、年代的な包括性と英詩テクストの分量の多さと使いやすさにおいて、一番のデータベースであると言えよう。含まれる英詩テクストすべてにわたって記号化に一貫性があり、研究・教育に、あるいは参考文献として利便性の高いデータベースである。このデータベースには、主にWatsonが編集した*The New Cambridge Bibliography of English Literature*（NCBEL）Vols.1–3に詩人として掲載された作家の英語の作品が含まれている。同時に、NCBELには掲載されていない数人の作家の詩作品も含まれている。例えば、Emily BrontëやAphra Behnなどの詩作品である。NCBELに従って、ウェールズ、スコットランド、アイルランドの詩人たちの作品も含まれている。しかし、残念ながら20世紀の詩人については除外されている。

この電子テクストを研究対象とすれば、コロケーションはもとより、主題の影響関係や、詩的イメジャリーの比較、詩の言語の文体的分析、語彙研究やコンコーダンスの作成など、英詩の通時的な種々の研究が新たな地平を開いてゆくものと思われる。いっぽう、衆知のごとく古期英語、中期英語の写本には、当然異本が存在するのが普通であり、このデータベースのテクストだけに依存する危険性は免れない。そのことを念頭に置きながらも、英詩のテクストを通時的に観察する上で、このデータベースは1つの有力な資料となるであろう。このデータベースの難点は、1千万円を超える高額な価格であり、これを所蔵している日本の大学・図書館の数が限られていることである。

このデータベースは、筆者が英国のケンブリッジ大学で訪問研究している時（1994–1995）に同大学図書館に設置されたばかりであった。このデータベースの編集委員の一人である同大学の D. S. Brewer 教授にその利用の可能性について探るように示唆されたのが本研究のきっかけとなっている。

5 『妖精の女王』第 3 巻第 1 歌のあらすじ

FQ のコロケーションを記述するのに先立って、それらのコロケーションが使われている第 3 巻第 1 歌のあらすじを概説しておきたい。それは、本章で論じる個々のコロケーションが、どのような背景で使われているのかについて、読者の理解を容易にするためである。

第 3 巻の主題は貞節 (chastity) であり、その主人公は男装の騎士ブリトマート (Britomart) である。彼女の冒険は、騎士アーテガル (Artegall) を求める旅である。彼女が主題として求めるのは真実の愛である。FQ で論じられる愛は、男女間のロマンチックな愛、夫婦愛、男同士あるいは女同士の友情など、多くの相が含まれる。ブリトマートが乙女の処女性から真実の愛を経て、貞節な結婚生活の至福にいたる旅の途上には、真実の愛に敵対するさまざまな人物が登場する (Hill 1980: 83–4)。

第 1 歌に登場する真実の愛の敵対者マレカスタ (Malecasta) は、「歓喜の婦人」と呼ばれているように邪悪な淫欲に堕している。話のあらすじはこうである。第 2 巻の主人公・騎士ガイアン (Guyon) が、アーサー王子 (Prince Arthur) と共に旅を続けていると騎乗の騎士と出合う。その騎士の傍には、年老いた従者が三角の盾を重そうに運んでいる。この騎士を見てガイアンは合戦を申し込む。そしてガイアンは激しく突きかかるが落馬させられる。初めて彼に落馬の恥辱を与えた相手の騎士は男装の騎士ブリトマートである。年老いた巡礼のとりなしで 2 人の騎士は和睦する。当時は名誉が勝利の報酬であり、敗れても恨みを抱くことはなかったのである。

こうして仲良く旅を続けていくうちに彼らは広い森に入る。すると白馬に跨った乙女がそばを駆け抜けていく。その後ろには獣欲の息づかいも荒く、森の住人が追っている。即座にアーサー王子とガイアンは乙女を追い、アーサー王子の従者は森の住人を追う。女の愛に関心のないブリトマートは、その場でしばらく待つが彼らが戻らないので 1 人で旅を続ける。この森を出ようとするとき彼女は立派な城を見る。城の前で６人の騎士が１人の赤十字の騎士と戦っている。彼女はその仲裁に入る。争いの理由を彼女に聞かれて赤十字の騎士は、自分の「意中の人を捨てさせ、６人が仕える女王を愛させようとしたからである」と答える。いっぽう６人の騎士たちの言い分は、彼らが仕える女王がある法を定めているからだと言う。その法とは、「その場を通る騎士は、愛する人がいない場合には、その女王に忠節を尽くし、仕える貴婦人がいる場合には、その人を捨てるか、さもなくば剣にかけて、女王よりも自分の仕える貴婦人が美しいことを証明しなければならない」というものである。そして戦いに勝った場合には、その褒美として女王の愛を得るというのだ。そこで男装のブリトマートは、「愛する人はいるが、仕える貴婦人はいない」と、６人の騎士たちにとっては謎めいたことを言い彼らと争う。すぐに屈服させられた６人の騎士たちは、ブリトマートが当然の褒美を受け取るように赤十字の騎士と共に女王の城内に誘う。

「歓喜の婦人」の城内の壁には、官能的な絵が縫い込まれた織物がかけられ、官能的な音楽が流れている。女王は客たちに秋波（しゅうは）を送りながら、武具を取るように促す。しかしブリトマートは鎧を脱ごうとせず、ただ面頬（めんぼお）を上げるだけである。それを見て美しい男装の騎士とは知らず女王はすっかり恋の虜となる。歓待の宴を催して女王はひそかに恋の投げ矢を放つが、ブリトマートはその誘いに応じない。女王は、「すぐに助けて慰めてくれないのなら、死んでしまう」と嘘をつく。自分自身もアーテガルへの恋に長く苦しめられてきたブリトマートは、この「歓喜の婦人」の愛をすげなく拒むのは礼を失すると考える。そこでこの女王マレカスタは、ひそかな思いを遂げるべく悪知恵をめぐらせる。

やがて眠りにつく時刻となり、ブリトマートは客間で鎧を脱ぎ、羽ぶとんに身を横たえてぐっすりと寝込む。美女マレカスタは足音を殺して目指す部屋へと進む。そしてブリトマートのふとんに忍び込む。気がついたブリトマートはすばやく飛び起き、この好色女を殺そうとする。女王の悲鳴を聞きつけて城内の皆がどっと押し寄せる。ブリトマートの強さが身に染みている城内の騎士たちは容易に手を出せない。しかし騎士の１人がブリトマートめがけて矢を射掛け、その矢は彼女のわき腹をかすめる。乙女は怒り彼らに襲いかかる。助太刀に入った赤十字の騎士とともに敵を完全に圧倒する。そして朝早くに、この城を後にする。以上があらすじである。

6 脚韻を踏む形容詞が句またがりして主要語を前置修飾するコロケーション

それでは脚韻を踏む形容詞が、それに続く行に句またがりしながら、主要語を前置修飾するコロケーションを記述し、その働きを考察しよう。

ここで該当するのはつぎの2つのコロケーションであるが、同一の連で続けざまに用いられているので同時並行的に記述する。

形容詞(評価的)+抽象名詞(感情)

[**courteous/ glee** (礼儀正しい歓喜)]

形容詞(評価的)+具象名詞(社会的階層)

[**gratious/ ladies** (上品な美女たち)]

以下にこれらのコロケーションを含む部分を引用する。最終行の括弧内には当該の2つの形容詞(courteous, gratious)が、同連でb脚韻を踏んでいる語を示している。

Long were it to describe the goodly frame,
And stately port of *Castle Ioyous*,
(For so that Castle hight by commun name)
Where they were entertaynd with courteous
And comely glee of many gratious
Faire Ladies, and of many a gentle knight, (: spacious)
(3.1.31.4–5)

「喜びの城という名で広く知られた
この城の見事な造りと堂々たる構えを
一々書きたてるとなると長くなろう。
一行はこの城で、多くの上品な

美女たちと沢山の立派な騎士たちから、
にこやかで丁重な挨拶をうけた」

（以下、日本語訳は和田・福田（2005）による。）

最初のコロケーション courteous glee は、評価的形容詞と感情を表わす抽象名詞とが共起し、そのつぎのコロケーション gratious Ladies は、評価的形容詞と社会階層を表わす具象名詞が共起している。この２つのコロケーションは、前置形容詞が評価的である点が共通している。

前者の例は、脚韻を踏む形容詞 courteous が句またがりして、それに続く行に並置された形容詞 comely とともに主要語の glee を前置修飾している。さらに、その glee の補部として機能する of 属格句が並置されている。しかもその最初の of 属格句は、of many gratious/ Faire Ladies となっており、脚韻を踏む形容詞 gratious がさらに句またがりして、並置された形容詞 faire とともに主要語 ladies を前置修飾している。この種の用例を、当該データベースにおいて４語の範囲で検索した結果、Spenser 以外には見当たらない。したがって、これは Spenser に固有のコロケーションであると言えよう。なお、Kosako (1995) に指摘されたこのコロケーションは、Hamilton (2007) の注に記載されている。

前置修飾する形容詞と主要語との密接な文法構造を句またがりさせて分離するのは文法的な基準を逸脱するものであり、行末に緊張を生じさせている。このように、つぎの行まで修飾関係を引き伸ばし、いわば前景化して目立たせているコロケーションには、語り手の特別のメッセージが付与されている可能性が高い。そのメッセージについて筆者の解釈を示そう。それは、「一々書きたてると長く」なってしまうほど「歓喜の婦人」の城内は、見事な造りと堂々たる構えが連綿と続いている。その連綿たる様が句またがりに表象されているのではないか。さらに、城内にいる騎士たちと美女たちの数はあまりに多く、その挨拶の丁重さも度を越している、というメッセージをも感じ取ることができないであろうか。これら２つのコロケーションに使用されている形容詞はいずれも評価的であるが、このコンテクストのなかでは語り手の皮肉の音調が込められているように思われる。

ちなみに形容詞の語順を変えて後置修飾する glee courteous というコロケーションは当該データベースには見当たらない。いっぽう、上例に見られる gracious ladies というコロケーションは Spenser 以降 18–19 世紀の詩人 Baillie (1762–1851) に、fair と並置された例が見られるが句またがりはしていない。以下に示すとおりである。

Though we have many fair and gracious ladies

(Baillie, *THE PHANTOM,* ACT II, Scene 1, 1.6)

7　脚韻を踏む形容詞が主要語を後置修飾する Spenser 固有のコロケーション

つぎに、脚韻を踏む形容詞が先行する主要語を後置修飾するコロケーションを観察する。とくにそのコロケーションに前例がなく、Spenser の用例が当該データベースにおいて初めてのものであり、かつ Spenser の後の詩人にも同様の用例が見られないものを Spenser 固有のコロケーションと称する。

以下、文法的なタイプに分類しながら意味的特性を記述する。付随して、行末に限らず行中にも使用されているのか、あるいは語順を変えたコロケーションの用例があるのかについても触れる。

7.1　名詞 (句) が主要語を後置修飾するコロケーション

名詞句が形容詞的に用いられて主要語を後置修飾するコロケーションは、以下の 1 例のみである。

具象名詞 (武器) + 形容詞的名詞句 (形態的)

[**shield three-square** (三角の盾)]

And him beside an aged Squire there rode,
That seemd to couch vnder his shield three-square,

(: fayre : spare : prepare) (3.1.4.4)

男装の騎士ブリトマートの「そばには、年老いた従者が馬に乗り、三角の盾の重みでのめりそうで」あったというくだりに、この固有のコロケーションが使われている。ブリトマートが使う盾の形を説明する three-square は「三等辺の」という意味である。ブリトマートはエリザベス一世の一側面を寓意していると言われるが、この固有のコロケーションはそのことに関連している。なぜなら、このような盾は英国王たちによって使用されてきたからである (Hamilton 2007: 289)。一般の騎士たちは使えない形の盾であることを、この稀(まれ)なコロケーションが暗示しているのであろうか。なお、語順を変えた three-square shield という用例はデータベースに見当たらない。

7.2　形容詞が主要語を後置修飾するコロケーション

主要語が具象名詞の場合と抽象名詞の場合を分けて記述する。具象名詞のコロケーションは 4 例、抽象名詞のコロケーションは 2 例である。

7.2.1　具象名詞を主要語とするコロケーション

このパターンでは、城、三色スミレ、ワイン、接吻という具象名詞に、それぞれ感情的、評価的、味覚的、評価的・批判的な形容詞が修飾してコロケーションを形成している。

具象名詞（城）＋形容詞（感情的）

［**Castle Ioyeous**（歓びの城）］

この Castle Ioyeous というコロケーションは、前節で論じた句またがりするコロケーションと同じ連に使用されている。

> Long were it to describe the goodly frame,
> And stately port of *Castle Ioyeous*,

(: courteous : gratious : spacious) (3.1.31.2)

常軌を逸して喜びを追求する女王マレカスタの城を、前例のない固有のコロケーションで表現している。そのことは、この城そのものが稀に見る稀有な存在であることを暗示しているのかも知れない。なお、語順を変えた ioyeous castle の用例は同データベースには検索されない。

具象名詞（植物）＋形容詞（評価的）

［**Pansies trim**（優雅で清楚な三色すみれ）］

マレカスタの城の壁には、一面に高価な織物が掛けてあり、その1つにはヴィーナスが、美しい若者アドーニスに恋人になってくれるように誘う場面が描かれている。アドーニスが水浴をする時には、ヴィーナスは、「(彼の) しなやかな手足を1つ1つそっと窺い、美しいまんねんろうと香しいすみれ、それと清楚な三色すみれを泉の中に投げ入れ」ているのだ。エロティックで甘美で神秘的な情景である。

She secretly would search each daintie lim,
And throw into the well sweet Rosemaryes,
And fragrant violets, and Paunces trim, (: him) (3.1.36.8)

Paunces には、心の平和 (hearts-ease)、あるいは無為の愛 (love-in-idleness) の意味がある (Hamilton 2007: 295)。Trim の意味について引用した訳は「清楚な」と解釈しているが、OED[2] は初期の頃の意味を推定するのは難しいと述べている。そしてもろもろの意味の初例として16世紀の用例を多く引用している。ここでは 三色すみれの清楚さに加えて、アドーニスの体の美しさを反映させた 'elegantly-shaped' の意味も暗示していると思われる。当時、意味の定着していない trim と三色すみれとを共起させることにより、この物語の神秘性を醸しだす一助としている。なお、語順を変えた trim Pansies の用例はデータベースに見出せない。

具象名詞 (酒) +形容詞 (味覚的・評価的)

[**Lyœus fat** (風味豊かで、こくのあるワイン)]

男装のブリトマートに肉欲の炎を燃え立たせた浮気な女王は、客人たちに夕食をふるまう。以下の引用に見るように、一同が席に着くと「豊かな穀物の神 (シリーズ) と肥った酒の神が、惜しげもなくたっぷりと恵みを与えた」のである。山海の珍味が惜しげもなく出される様子を、擬人化された穀物の神と酒の神が客人たちに恵みを与えた、と表現している。

Whiles fruitfull *Ceres*, and *Lyœus* fatt
Pourd out their plenty, without spight or spare: (: satt) (3.1.51.3)

Ceres は食べ物、*Lyœus* は、バッカスの神の別名でワインを指す (Hamilton 2007: 298 参照)。上例の形容詞 fatt について、OED[2] は、†6.†b. で Spenser

より後の 1609 Bible *Ezek.* xxvii 18 の用例を初例として、「風味豊かで、こくのある」(fruity, full-bodied, sugary, of wine or ale)という意味を記録している。当時の読者は、このコロケーションに新鮮な響きを覚え、出された酒がいかに珍味であるかと想像をたくましくしたと思われる。なお、語順を変えた fat Lyœus の例はデータベースに見られない。

具象名詞(社交上の動作)+形容詞(評価的・批判的)

[**Bascimano gay**(きざな接吻)]

浮気心を燃やす女王が催す宴会も終わりにさしかかると、「どの騎士もどの気品ある従者も、それぞれに手にきざな接吻をして相手を選び、宮廷風の歓楽の戯れにふけろうとしていた」。

And euery knight, and euery gentle Squire
Gan choose his dame with *Bascimano* gay
With whom he ment to make his sport and courtly play.

(: away) (3.1.56.8)

上例の *Bascimano* とは 'bascio le mani (kissing of the hand)' というイタリア語からの造語で、手へのキッスの意味である。Spenser の集注版(Greenlaw *et al.* 1934: 212)によると、イタリア風の様式が広まっていた Spenser の時代には、たぶんなじみの語であったと言う。貴婦人への異国風のきざな誘いを揶揄していると思われる gay は、「喜びあふれた、こころ軽やかな」(full of joy and mirth)の意味であろう。Hamilton (2007: 299) によると、彼らは好色(lechery)のはしごをかなりの程度登っており、第 3 〜 4 段に達していると言う。なお、語順を変えた gay Bascimano の用例は同データベースに見出すことができない。

つぎに、どのような抽象名詞にどのような形容詞が共起しているのかについて記述しよう。

7.2.2 抽象名詞を主要語とするコロケーション

抽象名詞(心的状態)+形容詞(評価的)

[**affection chaste**(清い愛情)]

第 3 巻は「貞節」(chastity) を主題としており、その徳を追求する主人公がブリトマートである。この男装の騎士に出くわして戦いを挑むのは第 2 巻の主人公・騎士ガイアンである。ガイアンは「節制」(temperance) の徳を追求している。結局、ブリトマートの従者とアーサー王子のとりなしでこの 2 人は和睦する。

Thus reconcilement was betweene them knitt,
Through goodly temperaunce, and affection chaste,
(: defaste : embaste : plaste) (3.1.12.2)

節制の主人公の徳である「立派な自制心」(goodly temperaunce) と、貞節の主人公の徳である「清い愛情」(affection chaste) により、2 人の間に和睦が結ばれる。節制の徳を形容詞 + 名詞のコロケーションで表し、貞節の徳を名詞 + 形容詞のコロケーションで表している。そしてそれらを and で結んでいる。相対する 2 つの徳の歩み寄りを abba というように、b が接するカイアズマ (chiasma) という修辞法を用いて図像的に表象 (iconicity) している。

なお、形容詞が前置修飾する例は、以下のように唯一、同じ第 3 巻に見出される。この例は主要語の名詞が脚韻を踏んでいる。

And Lodestarre of all chaste affection (: Paragone : alone : one) (3.6.52.5)

抽象名詞 (心的状態) + 形容詞 (過程的・指示的)

[**passion entire** (完全に心を支配した情熱)]

愛くるしい美しさに満ちたブリトマートが、実は男装しているとは露知らず、「歓喜の婦人」は浮気心を起こしてしまう。その浮気心は、「たちまち激しい情火となって燃えさかり、すべての血管に情熱を行き渡らせたのである。」

That shortly brent into extreme desyre,
And ransackt all her veines with passion entyre. (: fyre) (3.1.47.9)

このコロケーション passion entyre を、引用した訳ではただ単に「情熱」としている。この entyre は、「心の中で (燃える)」'inward' の意味か、あるいは「(彼女の情熱が) 完全に彼女の心を支配していた」という意味であると、Hamilton (2007: 297) は注釈している。そのどちらの意味をも内包しうる形容詞 entyre を用いて、好色な女王のこころの乱れを読者に伝えようとしているのかもしれない。ちなみに OED^2 によると、Spenser は他の箇所でも entire に特有の意味を担わせている。たとえば FQ 1.6.44 の用例は、4.e. 'Of person: With unimpaired strength, not fatigued or worn' の初例として、また FQ 1.7.33 の用例は、5.a. 'Wholly of one piece' の意味で初例としている。なお語順を変えた entire passion の用例はデータベースには見出せない。

7.3 -ED 関係節が主要語を後置修飾するコロケーション

ここでは、-ed 関係節である fond が後置修飾するコロケーションを記述する。Fond は本来、分詞形容詞であり、OED^2 には、orig. ppl.a. ME. fonned, f. FON v. + -ED と説明されている。このタイプの用例は次の1例のみである。

抽象名詞（社会的行為）＋分詞形容詞（評価的）

［**adventure fond**（愚かな冒険）］

Great hazard were it, and aduenture fond,
To loose long gotten honour with one euill hond.　(: withstond)（3.1.10.8）
「長く保ってきた名誉を一度の間違いで失うのは、大変な運だめし、
愚かな冒険と言うべきであろう。」

男装の騎士ブリトマートが、人間の力では抗し難い武器を身に付けていることを、騎士ガイアンは知らない。彼女に落馬させられこの恥をすぐさますすごうとするガイアンに対して、年老いた従者が諭すくだりにこのコロケーション（aduenture fond）が用いられている。このコロケーションを Hamilton（2007: 291）は 'foolish risk' と註釈している。後置修飾している fond は、one euill hond における hond と男性韻を踏み強勢が置かれている。ここだけに用いられている稀（まれ）なコロケーション aduenture fond は、one euill hond と音的にも意味的にも結束して、騎士が行おうとしている行為が稀（まれ）にみる愚かなものであることを暗示しているのかも知れない。

8 脚韻を踏む形容詞が主要語を後置修飾する Spenser 流コロケーション

つづいて、主要語＋後置修飾語句のコロケーションのなかで、Spenser の用例が当該データベースにおいて通時的に初めて見られるもので、かつ Spenser 以降にも同様の用例があるものを Spenser 流のコロケーションとして以下に記述する。

8.1 原級の形容詞（句）による後置修飾

Spenser 流のコロケーションにおいて、後置修飾される主要語はすべて具象名詞である。

8.1.1 具象名詞を主要語とするコロケーション

調査対象のコロケーションにおいて、具象名詞を後置修飾する形容詞はすべて視覚的である。

具象名詞（武器）＋形容詞（視覚的）

［**weapon keene**（鋭い武器）］

行末で押韻する形容詞 keene が直前の weapon を修飾するコロケーションは Spenser より前の詩人には見当たらない。ちなみに OED^2 は keene の形容詞としての用法についてつぎのように説明している：3.a. 'Of weapons: Having a very sharp edge or point; (Now somewhat rhetorical, exc. in keen edge, the ordinary word being sharp.)' Spenser の用例は以下のとおりである。

For by his mightie Science he had seene
The secrete vertue of that weapon keene, (: weene : beene) (3.1.10.5)

道づれの巡礼は、ブリトマートの「その鋭い武器がもつ、（人間の力では抗い難い）秘められた力を（見抜いていた）」。このコロケーション weapon keene は強弱強の韻律となり、この形容詞に強勢が置かれることになる。その語頭の無声破裂音 /k/ の鋭い響きは主要語の武器の鋭さを強調している。

FQ には第5巻にも同じコロケーションが使用されている。

From the dread daunger of his weapon keene,

(: beene : seene : weene) (5.5.8.7)

「だが、恐ろしい危険を呼ぶ相手の鋭い武器から、(盾で女は巧みに身をかわした)。」

Spenser より後の詩人では Fairfax に同じ用例が2例あるが、同様に行末で押韻している。1例のみ以下に示す。

Within his side he sheath'd his weapon keene (: vnseene)

(E. Fairfax, *Godfrey of Bulloigne*, 1600, The Fourth Book, 365)

具象名詞(現象)+形容詞(視覚的)

[**beames cleare** (玲瓏たる光)]

「歓喜の婦人」マレカスタの城の、「(大広間の柱という柱の)玲瓏たるその光の燦爛たる輝きは、煌々と光を発し、見るも壮麗であった」。

That the bright glister of their beames cleare
Did sparckle forth great light, and glorious did appeare.

(: were : cleare) (3.1.32.8)

このコロケーションは、前例のないコロケーションであることによって、彼女の城の絢爛豪華さが稀(まれ)にみるものであることを暗示しているのかもしれない。いっぽう、ここで用いられている cleare は副詞として機能して、つぎの行の Did sparckle を修飾している可能性も残している。この機能が曖昧なコロケーションによる二重統語法には、語り手が表面で絢爛豪華さを語りながら、内面ではその豪華さは賞賛できるものではないという批評的な音調を含ませているように思われる。

以下に示すように 17 〜 19 世紀の詩人のうち、H. More (1614–1687) と M. R. Mitford (1787–1855) に同様の用例がある。これらも Spenser 同様に形容詞としても副詞としても解釈でき、二重統語法が踏襲されている。

Impart a soul, as done the sunne beames clear (: where)

(H. More, *A Platonick Song of the SOUL*, 1647; 96, 1321)

Shivers to mark those eye-beams clear (: near: fear)

(M. R. Mitford, *ODE TO CONSUMPTION*, 1811, 54)

具象名詞 (女性) + 形容詞 (視覚的)

[**virgin sheene** (輝く乙女)]

男装の騎士ブリトマートに恋心を燃やす美女マレカスタは、ブリトマートのベッドに忍び込もうとする。そしてブリトマートに殺されそうになる。マレカスタの悲鳴を聞いて駆けつけた騎士の一人が、「情容赦もなく射殺してくれようと、輝く乙女をめがけて矢を放つ。」この「輝く乙女」が virgin sheene と表現されている。

Which forth he sent with felonous despight,
And fell intent against the virgin sheene:

(: keene : seene : skin) (3.1.65.4)

この形容詞 sheene は、'beautiful, shining' (Hamilton 2007: 300) の意味である。韻律と脚韻の要請もあって、強勢が置かれ目立つ行末に配置されたこの形容詞は、乙女であるブリトマートの稀(まれ)に見る輝きを強調している。以下に示すように 19 世紀の詩人に同様の例が行中に使用されている。

Poplar sprouts, the hedge is green now,
Spiry larch in virgin sheen now (J. S. Blackie, *APRIL SONG*, 1860, 9)

これまでは形容詞が単独で後置修飾するパターンを見てきたが、つぎに後置修飾する形容詞が、同じく視覚的な意味特性をもつ形容詞と並置されている用例を見よう。

具象名詞 (部屋) + 形容詞 (視覚的) + and + 形容詞 (視覚的)

[**Chamber long and spacious** (長くて広い大広間)]

浮気な女王マレカスタの喜びの城内で、「美女たちとたくさんの立派な騎士たちから、(丁重な挨拶を受けた後)、長くて広い大広間を進んで、」歓喜の女王の御前へと案内される。

Faire Ladies, and of many a gentle knight,
Who through a Chamber long and spacious,
Eftsoones them brought vnto their Ladies sight,

(: *Ioyeous* : courteous : gratious) (3.1.31.7)

上例では、脚韻語の spacious は形容詞 long と併置されて、先行する主要語 Chamber を後置修飾している。また弱強5歩格の韻律上b脚韻を踏む spacious は、*Ioyeous*, curteous, gratious とともに3音節で発音し最終音節に第2強勢を置いて押韻することが要請されている。後置修飾する形容詞の並置と、これら多音節のb脚韻語が相互に結束して、歓喜の女王の城内の不必要なまでの豪華さ、広大さ、豊かさを目立たせている。19～20世紀の A. Austin（1835–1913）に、後置修飾する形容詞が並置された類似の用例が見られる。

Chamber on chamber wainscotted and spacious
Was lined with effigies of warriors wise　　（: gracious）

（*A TALE OF TRUE LOVE*, 1902, 217）

いっぽう、限定詞の後で形容詞 spacious が主要語 chamber を前置修飾するコロケーションは、Spenser には見られないが、後の詩人の用例はデータベースに多く採録されている。行末に用いられている例もあるが多くは行中に使用されている。そのいくつかを以下に示す。

（行末）

A hundred lamps would scarce suffice, I ween
To light this spacious chamber.　　（J. Baillie, *ETHWALD*, 1851, 142）

（行中）

Changes to a spacious chamber in the
house of the Duke of Friedland.

（S. T. Coleridge, *THE PICCOLOMINI* , 1912, VI. 1）

It was a spacious chamber（Oda is
The Turkish title）and ranged round the wall.

（G. G. N. Byron, 1788–1824, *DON JUAN*, 1957）

つぎの A. Austin の用例では、形容詞 whitewashed と並置されている。

And she straight
Into a spacious whitewashed chamber led

（A. Austin, *THE HUMAN TRAGEDY*, 1891, 515）

8.2 All one に由来する alone が主要語を後置修飾するコロケーション

OED² によると alone は形容詞や副詞として用いられるが、本来の形は all one であり、'wholly one, one without any companion' の意味で 'oneness' を強調するものであった。さらにその用法として、以下に示すように be 動詞の補語として a の例が、前置修飾の例として b の例が引用されている。

a. 1382 Wyclif *Gen.* ii. 18 It is not good man to be alone.

b. 1297 R. Glouc. 38 Cunedag was þo al one kyng, & þe kyndom to hym nom.

具象名詞（騎士）＋形容詞（指示的・心理的）

［**knight alone**（唯一人の騎士）］

Spenser 流のコロケーションとして次に引用する用例は、脚韻語としての形容詞 alone が「唯一人の」(single, unattended) という意味で先行する主要語 knight を後置修飾している。なお、ここでは限定詞 this が主要語 knight を前置修飾している。

Ne to your Lady will I seruice done,
But wreake your wronges wrought to this knight alone,

(: none : one) (3.1.28.5)

ブリトマートは歓喜の女王に仕える騎士たちに対して、「あなたたちの貴婦人に忠節を尽くすつもりもない。この 1 人の騎士に加えられた不正の仇を討つ」、と答える。この前例のないコロケーション knight alone を使用することによって、唯一人の騎士に対して大勢の騎士が攻撃するとは前例にない不正行為ではないか、という非難のメッセージを内包させていると解釈できないであろうか。このコロケーションは次に示すように Spenser 以降も同様に行末で押韻している。

Tread soft, for if you wake this Knight alone,

(W. Stode, *EPITAPHES* 1655, p.121, 1)

Sure wer thy words and sure yone
Knight alone (: thairone)

(P. Gordon, fl.1614–50, *THE FIRST BOOK,*

OF the Famous Historie, of Penardo and Laissa, 29, 4323)

9　Spenser 以前に使用例がある伝統的なコロケーション

これまで当該データベースで調査した結果 Spenser のコロケーションが最初の用例であり、その後同じ用例が見出されないものを Spenser 固有のコロケーションとし、Spenser より前には見られないが以降は同じ用例が見られるものを Spenser 流コロケーションとして記述してきた。

本節は Spenser の用例が Spenser より前の詩人たちに見られるものを伝統的コロケーションとして記述する。これらの用例は、先行する時代はさまざまであり、ジャンルも中世ロマンス、中世抒情詩、中世バラッドなどに及んでいる。これら伝統的コロケーションは、いにしえの文学に親しんだ詩人にとって、内容はもとより韻律や脚韻の要請を充足する上で便利な言語材とすることができたであろう。いっぽう、それらの過度の使用は詩人の独創性をそこなう危険性をはらんでいる。 詩人のバランス感覚が問われる問題である。 前節同様に文法形式に基づいて分類し意味的特質を記述しよう。さいしょに後置修飾する要素として圧倒的に多い原級の形容詞のうち、どのような語がどのような主要語と共起しているのかを観察する。つぎに前置詞句に由来する形容詞と主要語とのコロケーションを観察する。

9.1　後置修飾語（句）が原級の形容詞

原級の形容詞と、具象名詞の主要語とのコロケーションを 5 例、そして抽象名詞の主要語とのコロケーションを 3 例考察する。

9.1.1　具象名詞を主要語とするコロケーション

具象名詞を後置修飾する形容詞の意味的特性は、視覚的、評価的、指示的である。

具象名詞（自然）＋形容詞（視覚的）

［**forest wyde**（広い森）］

Spenser は、forest wyde というコロケーションを FQ や SC において脚韻を踏ませる傾向がある。FQ の例として以下に1つ示す。

At length they came into a forest wyde, (: edifyde : tryde : ryde) (3.1.14.5)

「遂に彼ら(ブリトマート一行)は広い森に入った。」

FQ には他に、1.6.21.7 (: betyde : *Labryde* : tyde), 3.1.37.4 (: vnespyde : betyde : pryde), 3.5.3.1 (: terrifyde), 4.7.29.2 (: guide : espide : bide), 4.8.11.6 (: guide : abide), 6.5.3.6 (: betyde : spyde) にも同様の用例がある。SC における用例を以下に示す。

I went the wastefull woodes and forest wyde,

(: espyed) (SC, December, 23)

Spenser は forest wyde を行中でも用いている。Lady fair と同じく、強弱強の韻律をもって自然に流れる forest wyde のリズムは、弱強格 (iambus) の連続を基本とする詩には格好のコロケーションと言えよう。Spenser の FQ や小品における行中の用例を以下に示す。

Raunging the forest wide on courser free, (1.9.12.7)

The forest wide is fitter to resound (SC, August, 159)

Into a forest wide and waste he came (*Astrophel*, 93)

Betwixt the forrest wide and starrie sky: (*Virgils Gnat*, 34)

このコロケーション forest wyde は、中世抒情詩、中世バラッド、中世ロマンスに多用されている。以下にそのいくつかを例示する。

[中世抒情詩、バラッド：行中]

But in the forest wide an brade, (Anon, *The Kitchie-Boy-A*, p. 2, 7)

[中世ロマンス：行末]

Vp in þat forest wide (Anon, *Amys and Amylion*, 1053)

Ore those wild *Mountains* of the Forrest wide (: guide)

(C. Cotton, *The Wonders of the Peake*, p.68, 1166)

このコロケーション forest wyde は、Spenser より年長のほぼ同時代の詩人、T. Phaer (1510?- 1560), A. Golding (1536?-1606), Du Bartas (1544–1590), J. Studley (1540?-1590?), T. Deloney (1543?-1607?) にも用いられている。Du

Bartas は、Spenser, Sidney, Milton がなじみぶかかった詩人であり、Spenser の *Colin Clouts Come Home Againe* という散文に Daniel という名で登場している（Drabble 2000: 141）。以下に数例を示しておく。

（行中）

Is like a Forrest wide, where

（Du Bartas, *Fovre bookes of Du Bartas,*1637, 208）

（行末押韻）

And on the stumped willowe flamth, and
thus the forrest wyde （: hyde）

（Studley, *The Tenth Tragedy of Lannae Seneca*, 1581, p. 213, 36）

（行末無韻）

He armed rode in forrest wide

（Deloney, *The Noble Acts of Arthur of the Round Table*, 1631, 21）

このコロケーション forest wyde は、Spenser より少し若いが同時代に活躍したつぎのような詩人に多用されている : J. Salusbury（1567–1612）, J. Davies（1569–1626）, W. Lisle（1569?-1637）, E. Fairfax（d. 1635）, T. Winter（b. 1579）. 彼らの用例の引用は割愛するが、行末の使用例が多い。

また Spenser 以降はつぎのような詩人たちに、ほとんどの用例において行末に使用されている（用例は省略）:

R. Niccols（1584–1616）（*The Beggers Ape,* 1627, 87 : pride, 508: pride, 1257: hide）, R. Fanshawe（1608–1666）（*The Fourth Booke Of Virgills ÆNEIS*, 140: provide : discryde）, C. Cotton（1630–1687）（*The Wonders of the Peake*, 1681: guide）, 作者不詳の *Sir Lancelot Du Lake*, 21（行末無韻）。

具象名詞（女性）＋形容詞（評価的）

［**lady faire**（美しい貴婦人）］

Spenser には以下に示す faire Lady のように、形容詞 faire が主要語 Lady を前置修飾する用例がある。

Faire Lady, then said that victorious knight, （1.8.44.1）
Fitt to inflame faire Lady with loues rage, （2.1.41.8）

Faire Lady が行末にくると弱音節 -dy で行を終える女性韻となるので、男性韻を主体とする FQ において、このコロケーションを行末に用いるのは特別の場合となろう。形容詞 faire が前置された場合にはそれは弱格となり、意味的なインパクトも強くはないであろう。逆に以下の例に示すように、それが後置修飾語として行末で押韻する場合には男性韻として強勢が置かれ、美しいという意味が強く響くことになる。

There dwelleth here
Within this castle wall a Lady fayre,
(: debonayre : compayre : repayre) (3.1.26.2)

これは歓喜の女王に仕える騎士が、「この城の中に美しい貴婦人が住んでおられますが」と、ブリトマート一行に告げるくだりである。

以下に FQ の別の箇所に見られる同様の用例を示す。

And false Duessa seeming Lady fayre,
(: prepaire : stayre : declare) (1.4.13.2)

この例において主要語句の false Duessa は、それを後置修飾している -ing 節における Lady fayre と意味的な緊張関係にある。つまり false Duessa がうわべは Lady fayre に見えることを、カイアズマ (abba) という修辞法を用いて語っている。形容詞+主要語の語順を逆転させることにより、内実とうわべが逆転して見えているというメッセージを語り手は暗に伝えているのかもしれない。

同様の例として以下の用例において、that false が主要語の Lady を前置修飾し、faire が後置修飾している。

Emongst the rest rode that false Lady faire,
(: aire : chaire : repaire) (1.4.37.4)

/f/ の頭韻による音的な結束性を見せている false と faire との形容詞間に、意味的な緊張関係が生じている。

類似の例として FQ の以下の用例を見よう。

And for more ioy, that captiue Lady faire (: chaire) (4.9.13.1)

このコロケーションでは、前置された that captiue と後置された fayre が共起して主要語 Lady を修飾することにより、美しい貴婦人にふさわしからず囚われの身であるという緊迫した状況を語っている。

次の FQ におけるコロケーションでは、fayre が頭韻を踏んで並置された形容詞 fresh とともに後置修飾しており、音声的にも意味的にも結束している。

And therein sate a Lady fresh and fayre, （: ayre）（2.6.3.1）

以下の FQ におけるコロケーションは、後置修飾する fayre が行中に用いられた例である。a Lady fayre は弱強弱強のリズムを刻み、弱強 5 歩格の韻律に溶け込みやすい。淡々として落ち着いた状況を物語るには、都合のよいコロケーションであると言えよう。

To loue a Lady fayre of great degree, （2.4.19.2）

Oft did he wish, that Lady faire mote bee （3.4.54.6）

形容詞が後置されたこのコロケーションは作者不詳の中世の抒情詩、バラッド、ロマンスの行末に数多く用いられている。以下にその一部を示すが、必ずしも脚韻を踏んでいるわけではない。

［中世の抒情詩やバラッド］

（行末無韻）

King Arthur beheld that lady faire

（Anon., *THE MARRIAGE OF SIR GAWAIN*, 56, 221）

［中世ロマンス］

（行末押韻）

He founde Syr Gawayne with that lady fayre （: repayre）

（Anon., *The Feaste of Syr Gawayne*, p.207, 14）

he sayd, "ffarwell my Lady faire!" （: ere）

（Anon., *Eger and Grime*, 637）

（行末無韻）

Than sayd the lorde my lady fayre

（Anon., *Here begynneth a litell treatise of the Knight of Curtesy*; 469）

中世ロマンス、中世詩、および 16 世紀の詩において、後置修飾する形容詞 faire は他の形容詞と並置される傾向がある。並置される形容詞としては sweete（愛らしい、いとしい）、free（高貴な、気前の良い）、bright（輝く、美しい）、gent（優雅な、気高い）、hend（素敵な、礼儀正しい）などである。ちなみに gent について OED[2] 2. は Spenser 以前では主に詩的な句として、gent and small, fair and gent, etc. というコロケーションで使用されたと述べている。データベースに見られる用例をいくつか以下に示す。

Unto þe lady faire and bright.　(Anon., *YWAIN AND GAWAIN*; p.26, 933)

That many a lady fayre & free　(Anon., *Arthur and Merlin, Version B*, 369)

To the lady fayre and hend　(Anon., *Le Morte Arthur*, 42, 330)

Than sayd þe lady, fayre and free,

(Anon., *Incipit Sir Eglamour off in Artas/ Incipit Sir Eglamour of Artasse*, 151)

14～15世紀において Lady faire の用例があるのは次の詩人である：R. Rolle (c.1300–1349), W. Nassyngton (d.c.1359), Andrew of Wyntoun (1350?-c.1420?), J. Lydgate (1370?-1449), H. Lovelich (fl.1450.).

16世紀においては、Spenser より少し年長の次のような詩人に同様のコロケーションが見られる：S. Hawes (fl. 1503–11), H. Bradshaw (d. 1513), A. Kelton (fl. 1546), A. Broke (d. 1563), J. Partridge (fl. 1566–1573), J. Higgins (fl. 1569–1590), B. Googe (1540–1594). そのいくつかの用例を以下に示すが、行末で押韻するものと押韻しないものがある。また形容詞が単独で後置修飾する例と、複数の形容詞が並列して後置修飾する例がある。

（行末押韻）

It maye so fortune/ ye lue a lady fayre　(: repayre)

(S. Hawes, *The Passetyme of pleasure* 1509, 1684)

who represented straight a Lady faire　(: ayre : dispaire)

(J. Higgins, *LOCRINUS*, 4)

（行末無韻）

Tofore þe goddes, þis ladi faire & wele

(J. Lydgate, *The Temple of Glas* [1477–8], 1279)

and sche was lady faire and gent

(H. Lovelich, *THE HISTORY OF THE HOLY GRAIL*, 1117)

Spenser とほぼ同時代に Lady faire というコロケーションを用いた詩人たちは、T. Deloney (1543?-1607?) をはじめ、N. Breton (1545?-1626?) など多数いる。 行末で押韻しているもの、行末で押韻していないもの、行中使用のものなどが見られるが例示は省略する。参考まで、Lady faire と押韻する語は : ayre (3), cheare (2), deare, faire, haire, heare, heyre, payre, rare, repaire (2) である (括弧内の数字は、データベース上の頻度を示す)。

具象名詞 (女性) + 形容詞 (評価的)

[**lady free** (高貴で気前のよい貴婦人)]

既述の Lady faire に劣らず、Lady free も歴史的に頻用されたコロケーションである。このコロケーションも Spenser は行末で押韻させている。

Now were they liegmen to this Ladie free, (: ciuilitee : fee) (3.1.44.8)

「今や六人とも、この気前のよい女王の家臣となり」と訳されているように、この文脈では free は「高貴な、気前のよい」などの意味をもつ。FQ では他の箇所にも同様のコロケーションが見られる。

But turne we now backe to that Ladie free, (: tree : see : bee) (6.7.27.7)

上例では、「気ままな婦人」の意味で用いられている。つぎの用例では、「自由な御婦人方」の意味である。

Then hearke ye gentle knights and Ladies free, (: bee : fee) (4.10.3.6)

このコロケーションは中世の抒情詩、ロマンス、英詩、特に Chaucer の詩に慣用的に用いられている。FQ の上例 2 つに見られる free と be (e) との押韻は、上述のような中世の詩で愛用されたものである。

興味深いことに、語順を変えた free lady は、中世ロマンスに作者不詳の 1 例があるのみである。以下に、それを示しておく。

He was enformyt before of þat fre lady

(Anon., *Middle English Romances: The "Gest Hystoriale" of the Destruction of Troy*, 3011)

Lady free は、中世抒情詩とバラッドにおいて行頭と行末に使用されることが多い。多くが呼び掛け語 (vocative) として用いられている。以下にいくつか例示しておく。

(行頭の呼び掛け)

O lady fre, o quene of blis (Anon., *O clemens, o pia, O dulcis Maria*, 5)

O lady free, glad mayst thou be (Anon., *Stella maris, micaris clare*, 17)

(行末で押韻する呼び掛け)

Tho sone of god, o lady fre (: be)

(Anon., *Mary so myld Hath borne a chyld namyd Ihesus*, 2: 7)

With his owne swerde, o lady fre (: *misericordie*)

(Anon., *Salue, regina glorie, Mater misericordie*, 3: 10)

これらの用例で free と押韻する語は、be (6), deitee, humanitie, indulgencie, mee, misericordie (3), the (e) (4), we である。

中世抒情詩およびバラッドにおいて、lady free が呼び掛けではない場合は、ほとんどが行末で押韻している。押韻する語は、be (1), country, me (2), thee (4), three, tree (2) である。そのいくつかを以下に示す。

An coud mantain a lady free? (: country : tree)

(Anon., *Young Bicham*, 5: 20)

then spake that Lady free (: me) (Anon., *Sir Iambewell*, 177)

中世ロマンスおよび中世英詩においても lady free はいつも行末で押韻する。

[中世ロマンスにおける lady free]

Lady free と押韻する語は、be (e) (17), blee, Christenté, contree, cyte, cyté, citie (3), curteysly, fe, flee, fre (e) (4), he (e) (8), Hungré, ieope[r]de, knee, me (7), meyne, pite, pyte, pyté (3), plente, pouste, previte, se (e) (9), she, the (e) (6), thre (e) (3), tree, we (2), ye である。その用例のいくつかを以下に示す。

"Nay," he sayd, "my lady fre" (: the : he : be)

(Anon., *Le Morte Arthur*, 10: 75)

"Alas," thought Key, "thou lady fre" (: be)

(Anon., *Sir Gawain and the Carl of Carlisle*, 373)

［中世英詩における lady free］

中世英詩において、このコロケーションにおける free と押韻する語は、be (2), cheryte, me (2), onane, pete, se (e) (3), the, thre, vndirtane である。その用例のいくつかを以下に示す。

in worschipe of oure lady fre (: cheryte)

(Anon., *NYCHOLAS*, 618)

To telle þat lady free. (: onane : vndirtane : thre)

(Anon., *Incipit Sir Eglamour off in Artas*; 249)

Chaucer および彼の模倣詩人においても lady free はすべて行末に使用されている。Chaucer のコロケーションにおいて free と押韻する語は、be (7), beautee, charitee, degree, he (2), me (6), pardee, powste, see (3) である。以下に、いくつかその用例を例示する。

I mene, alle save thy lady free (: be)

(*THE ROMAUNT OF THE ROSE*, 2664)

And in his armes took his lady free (: be)

(*TROILUS AND CRISEYDE*, 218: 1522)

［Chaucer の模倣詩における lady free］(c.1470–1600)

このコロケーションにおける free と押韻する語は、be (9), bountee, capacite, certente, cheertee, cuntre, degree, iniquite, me (3), merie, meyne, mutabilitee, necessitee, pete, se (2), she (2), solempnyte, the (e) (4) である。Chaucer が free と多く押韻させている語のうち、摸倣詩に踏襲されている脚韻語の主なものは be, me, see である。いくつか用例を以下に引用する。

In worshipe of oure moste blessyd lady free (: be : capacite : certente)

(J. Lydgate, 9, *THE IMAGE*, 2, l.10)

Thair is no lady fre (: me : se)

(S. Alexander (1525?-1584), *In June the jem of joy and geme*, 13)

同様の例が Spenser とほぼ同時代の詩人に見られるが引用は１例に留める。

Right so the Soule, which is a lady free, (: be)

(Sir J. Davies (1569–1626), *OF THE SOULE OF MAN AND THE IMMORTALITIE* (1733), 177)

このコロケーション lady free は Spenser 以後も 19 世紀まで継続して使用されている。そして主に行末に使用されている。このコロケーションにおける free と慣例的に脚韻を踏む語は、see, he, me である。そのいくつかを以下に引用する。

(行末押韻)

Lo! yonder is my own bright Lady free (: see : be)

(W.Wordsworth, *TROILUS AND CRESIDA* (1849–50), 151)

'Lo!' she said, 'I lady free
Took this man for lord of me' (: see)

(A. C. Swinburne (1837–1909), *QUEEN YSEULT* (1925–27), 22)

19 世紀には行中でこのコロケーションを使用している例もある。

I saw that Lady free from stain,

(R. Story, *The Fountain, AN ALLEGORY*, 1857, 181)

"Tis my will, as lady free, not to wed a Lord of Leigh"

(E. B. Browning, *THE RHYME*, 1897, X, 63)

具象名詞(武器)+形容詞(視覚的)

[**arrow keen** (鋭い矢)]

すでに Spenser 流コロケーションとして weapon keene について述べたが、Spenser は伝統的コロケーションとして arrow keene を行末で押韻させている。「必殺の弓と鋭い矢を取り出し」て、6人の騎士の1人がブリトマートに射掛ける場面である。

Drew out a deadly bow and arrow keene,

(: sheene : seene : skin) (3.1.65.2)

このコロケーション arrow keene は、中世抒情詩とバラッドにつぎのように用いられている。

The long bow and the arrow keene (: greene)

(Anon., *A TRUE TALE OF ROBIN HOOD*, 46, 181)

With that there came an arrow keene （無韻）

（Anon., Chevy Chase, *THE HUNTING OF THE CHEVIOT-B*, 141）

このコロケーションは Spenser 以降も用いられている。そのいくつかを以下に示す。

（行末押韻）

His mortall wound receiu'd with arrow keene （: greene）

（H. Peacham, *Nusquam tuta*, 1612, 3）

（行末無韻）

He straight lets fly the Arrow keen

（A. Pennecuik（1652–1722）, *In imitation of Anacreon*, 1762, 43）

（行中）

The *Bee* with arrow keen, tho small

（H. Jacob, *To Aminta wounded*, 1735, 3）

この形容詞が前置されたコロケーション keene arrow は Spenser には見られないが後の詩人にしばしば用いられている。以下にそのいくつかの用例を示す。

But, Ah! When Death's keen Arrow flyes （P. Ayres, *Spring*, 1687, 15）

With his keen arrow pierce my side （J. Hurdis, *CANZONET*, 1808, 18）

最後に引用した Hurdis は、別の箇所で「矢の鋭い当り」the keen touch/ Of arrow のように、このコロケーションを変異させている。以下に示す。

How shuns thy fearful fluid the keen touch
Of arrow - breathing frost, o'er ev'ry plash （同上、554）

具象名詞（現象物）＋形容詞（指示的）＋ and ＋形容詞（指示的）

［**the substance thin and light**（薄くてかすかなもの）］

以下の例では脚韻を踏む形容詞 light が thin と並置されて、「かすかな」という意味で名詞 substance を後置修飾している。

As when fayre Cynthia, in darkesome night,
Is in a noyous cloud enueloped,
Where she may finde the substaunce thin and light, （3.1.43.3）

ブリトマートの美しさを喩えて、「それはちょうど、麗しい月の女神が、暗い夜、うるさい黒雲に包まれているが、雲の切れ間を見つけて」、銀色の光を放つときのようだと語っている。FQの別の箇所では、この形容詞を単独で使用したコロケーション substance light が見られる。これも脚韻を踏んでいる。以下のとおりである。

And eke the gate was wrought of substaunce light,
(: might : fight) (2.12.43.8)

Spenser より少し年長の詩人、B. Googe (1540–1594) は同じコロケーションを用いているが、別の形容詞 fine と並置させている。

Appoynted slendrest bodies hath
of substance light and fine (*The Zoziake of Life*, 1565, 1126)

このコロケーション substance light は、Spenser 以降も脚韻を踏んだ用例と行中の用例が見られる。

(行中)

And wretched soules to have with them their share,
Of substance light, (though stayn'd) may mount again
(Sir W. Alexander, *DOOMES-DAY*, 1614, 76)

(行末押韻)

Thus modern wits against each other fight,
In point *deficient*, and in substance light
(C. I. M. Dibdin, *THE BOY AND THE BAKER*, 1807, 26)

興味深いことに、この形容詞が前置されたコロケーション light substance は、データベースに見出だすことができない。

9.1.2 抽象名詞を主要語とするコロケーション

つぎに、どのような抽象名詞にどのような形容詞が共起しているのかについて記述しよう。以下に見るように、抽象名詞は社会的、心的、現象的といった意味的特質が見られるが、形容詞には評価的、指示的な特質が見られる。

抽象名詞 (社会的特質) + 形容詞 (評価的)

［**honour dew**（ふさわしい名誉）］

Spenser はこのコロケーションを行末で押韻させている。次の用例は、ヴィーナスが美少年アドーニスを誘惑している一場面である。

To crowne his golden lockes with honour dew;

(: knew : grew : vew)（3.1.35.5）

上例の前置詞句 with honour dew は、「ふさわしい名誉を与えて」という意味で、副詞的に To crowne を修飾する。和田・福田訳では、「(野の花を摘んで花環を作って）金髪に、恋人にふさわしい冠をのせて」と意訳している。

Spenser は自らの結婚を祝う *Epithalamion*（祝婚歌）においても、同様のコロケーションを用いている。

For to recyue this Saynt with honour dew, (: you)（*Epithalamion*, 208）

このコロケーションは、すでに Lydgate が押韻させずに行末に使用している。

þou we to þe do non honour dew （*Troy Book*, p.340, 6825）

中世ロマンスに作者不詳ではあるが、行中に同様の用例がある。

With honour dew, and with gud blissing

（Anon., *CLARIODUS; A METRICAL ROMANCE*, 1678）

このコロケーションは Spenser より少し前の世代の詩人、あるいは、ほぼ同時代の詩人に多用されている。たとえば、T. Phaer (1510?–1560), T. Drant (d. 1578), T. Churchyard（c. 1530–1604), G. Whetstone（c.1551–1587), A. Fleming（1552?–1607), A. Munday（1560–1633), A. Hall (fl. 1563–1604), M. Drayton（1563–1631), W. Alexander（1567?–1640）など多数にのぼる。しかしながら以下に示すように、それらは必ずしも行末に使用されているわけではない。

With honor due, to such a noble Knight,

（T. Churchyard, *A Creation of an Earle*, 1587, 60）

be honour due alwayes.

（J. Partridge, *The noble History of Plasidas*, 1566, 144）

また行末使用の場合でも、すべてが脚韻を踏んでいるわけではない。脚韻語の場合、due と押韻するのは次のような語である： crue, drewe, ensue, hewe, new, renew, rue（2）, shewe, true（2）, view, withdrew.

Spenser より少し後の時代においては、A. Nixon（fl.1602–1616）, J. Phillip（1676–1709）に使用されている。19 世紀後半では、J. Rhodes（1853–1902）をはじめ、多くの詩人に同様の用例がある。そのいくつかを以下に示す。

（行中）

The honour due, to Magistrates neglected,

（M. Drayton, *MORTIMERIADOS*, 1596, 20, 164）

（行末無韻）

That God may haue his honour due

（J. Rhodes, *A Carroll for New years day*, 49）

この形容詞が前置されたコロケーション due honour は Spenser には使用されていない。しかし Spenser 前後の詩人ではその用例がある。いくつかを以下に示す。

With due honour longynge to hir estat,

（J. Lydgate, *Troy Book*, 1412–1420, 5189）

To his due honour did him fitly call,

（E. Fairfax, *GODFREY of Bulloigne*, 1600, 110）

抽象名詞（心的過程）＋形容詞（評価的・批判的）

［**affections base**（卑しい思い）］

Spenser は affections bace という伝統的コロケーションを行末で押韻させている。ブリトマートの「美しさが男たちの卑しい思いをかきたてれば、その（ブリトマートの）威厳がはやる欲望を払いのける」と語っている。

That as the one stird vp affections bace,
So th'other did mens rash desires apall, （: grace）（3.1.46.3）

Spenser は『天上の愛の賛歌』でも、同じコロケーションを行末で押韻させている。

All other loues, with which the world doth blind
Weake fancies, and stirre vp affections base, （: embrace）

（*An Hymne of Heavenly Love*, 1596, 263）

このコロケーションは Spenser より少し年長の G. Whitney（1548?-1601）に、以下のように行末で押韻させている例がある。

And as his houndes, so theire affections base (: deface)

（*Uoluptas ærumnosa*, 1586, 11）

Spenser 以後では、19 世紀の詩人 T. Cooper（1805–1892）に見られる。

And power to war with old affections base (: grace : embrace : place)

（*THE PARADISE OF MARTYRS* , 1877, 25, 221）

以上の用例が示すように、このコロケーションはすべて脚韻を踏んでいるが、形容詞が前置された例 base affection を Spenser は行中で時々用いている。これは強弱強弱というように、強格と弱格が交互に交替するコロケーションなので、弱強格を主体とする韻律に合いやすいからかもしれない。*AN HYMNE IN HONOVR OF BEAVTIE*（美の賛歌 171）、*SONNET*（ソネット 8.1.6）、*EPITHALAMION*（祝婚歌 196）にも使用されているが、FQ にある１例を示しておく。

Not that same, which doth base affections moue
In brutish mindes, and filthy lust inflame, (3.3.1.5)

この形容詞が前置修飾するコロケーション base affection は、Spenser 以後も多くの詩人が使用している。１つの例示に留めよう。

So base affections fall, when vertue riseth

（E. Fairfax, *GODFREY of Bulloigne*, 1600, 62, 504）

抽象名詞（現象）＋形容詞（指示的）

［**silence deepe**（深い沈黙）］

Spenser はこのコロケーション silence deepe を行末で押韻させているが、形容詞 deepe を前置させた用例はない。

Now whenas all the world in silence deepe
Yshrowded was, (: sleepe)（3.1.59.1）

「今や世界中が深い沈黙に包まれ」と情景を語っている。このコロケーションは Spenser より少し年長の詩人 T. Drant（c.1540–1578）に使用されている。

sytte downe in silence deepe. (: kepe)

(*The wailynges of Hieremie*, 1566, 66)

このコロケーションは、W. Mure (1594–1657), T. Heywood (1574?-1641), E. Fairfax (d. 1635) といった Spenser とほぼ同時代の詩人、および、以降の詩人たちにも行末で押韻した例がある。

See, with what patience, with what silence deepe, (: heape)

(Mure, *The Trve Crvcifixe for True Catholickes*, 1898, 613)

At length when midnight with her silence deepe (: steepe : sleepe)

(Fairfax, *GODFREY of Bulloigne*, 1600, 7, 57)

いっぽう、この形容詞が前置された用例 deepe silence は、Spenser より年長の詩人や、ほぼ同時代およびやや後の時代の詩人たち、たとえば J. Beaumont (1583–1627) や M. Drayton (1563–1631) などに行中の用例がある。1つだけ引用しよう。

Fame from deepe silence seeming to awake,

(Drayton, *THE LEGEND OF ROBERT*, 1596, 664)

9.2 最上級の形容詞＋主要語＋前置詞句に由来する形容詞

このパターンをもつコロケーションは、調査対象のなかに以下の1例が見られる。

最上級の形容詞(評価的) + 名詞(女性) + 前置詞句に由来する形容詞(指示的)

[**the fairest Dame aliue** (生きているもののなかで最も美しい乙女)]

このコロケーションにおいて後置修飾している aliue は、前置修飾している最上級の形容詞 the fairest の意味を限定しながら主要語 Dame を修飾している。A·live は語形成上、前置詞句が縮約したものであり、OED^2 は、only a shortened form of on life = in life と説明している。alive に関して中期英語では前置詞句として副詞的用法と形容詞的用法があり、形容詞的用法には叙述的用法と、名詞に後置される用法が存在したことが MED に述べられている : adv. & adj. 1. living, alive:— (a) as a pred.; (b) after a noun or pron.; man ~, God ~. これら (a) (b) 両方の用法が、中世英詩 (特にロマンス) では最上級の形容詞＋主要語＋後置修飾要素のパターンでよく使用されたことがMEDの引用例に見て取れる。以下にその一部を示す。

(a) c1300　Havelok 2865: Ich shal yeue þe to wiue þe fairest things that is oliue.

(b) c1425　Chaucer CT. Fkl. (Petw) F. 932: Hw was...On þe best faring man alyue.

本章は、上例(b)に類するaliveの修飾語としての用例を考察対象としているが、このような構造に使用されている形容詞aliveは、最上級の前置形容詞と意味的な相関関係が強いコロケーションであると言えよう。

アーサー王子と騎士ガイアンが、森の中を追われる美女フロリメル(Florimell)、つまり「この上ない褒美である、いとも麗しい乙女」を手に入れようと、女の跡を追いかけるくだりにこの伝統的なコロケーションが用いられている。

Most goodly meede, the fairest Dame aliue:　(: byliue : striue) (3.1.18.8)

FQには以下に示すように、fairestとは別の最上級の形容詞(the) gentlestが前置修飾している例がある。

Sith I enioyd the gentlest Dame aliue;

(: striue : depriue : driue) (3.10.27.2)

このタイプのコロケーションは、Spenserより少し年長の詩人、G. Turbervile (c.1544–c.1597) に使用されている。下記に示すTurbervileの用例は、最上級の形容詞the wofulstが前置修飾している。

(無韻)

She woxe the wofulst dame aliue

(Turbervile, *The King of Thunise had a daughter faire*, 1587, 235)

Spenser以降、T. Heywood (1574?–1641) とW. Combe (1741–1823) に同じパターンをもって行末で押韻した例がある。

In hope to gaine the fairest Dame aliue　(: driue : striue)

(Heywood, *Troia Britanica: OR, Great BritainesTroy*, 1609, 220)

As the most learned dame alive　(: striue)

(Combe, *The Tour of the Reverend Doctor Syntax*, 1869, 1239)

10 おわりに

10.1 まとめ

本章は、SpenserのFQ第3巻第1歌に調査対象を絞り、脚韻を踏む形容詞および形容詞相当語が主要語と共起して作り出す名詞句のコロケーションを通時的に検証した。それは、English Poetry Full-Text Databaseを利用して、調査対象となったFQのコロケーションについて、英語の歴史における伝統性と独創性を検証し文体的特質の一端を明らかにするためであり、またそのことがコロケーションの通時的研究を英語史の研究分野に位置づける1つの研究となることを示すためであった。そしてFQにおいて名詞句を形成する24例のコロケーションを調査した。対象となったコロケーションの総数が少ないので統計的処理の対象とはならないかもしれないが、ひとつの傾向性を知るためにそれぞれのパターンが総数のなかに占める割合を示しておこう。

行末で押韻する形容詞が、句またがりして次の行の主要語を修飾する2例(8.3%)について、Spenserの前後の詩人に用例がないことを示した。つまりこれらはSpenserの独創性が見られる固有のコロケーションであると指摘した。この事実に基づいて、これらのコロケーションがコンテクストのなかで、どのようなメッセージ性を内包しているのか筆者の解釈を試みた。

主要語+後置修飾語のコロケーションについて、15例(62.5%)はSpenserより前には用例が見られなかった。そのうち9例(37.5%)はSpenserより後にも用例がない固有のコロケーションであることを指摘した。これらSpenser固有のコロケーションは行中や行のはじめに同様の用例が見られず、脚韻の位置にのみ共起することも明らかにした。またこれら固有のコロケーションに関して、これらの修飾語と主要語の語順を変えた例、つまり形容詞を前置修飾させる用例は極めてまれ稀(まれ)にしか見られないことも明らかにした。

残る6例（25%）は、Spenserより後の詩人にもSpenserと同じ用例があり、Spenser流のコロケーションとして示した。またSpenser流のコロケーションは、ほとんどの場合行末で押韻していることを明らかにした。

いっぽう、主要語＋後置修飾語のパターンを有するもののなかで、9例（37.5%）はSpenser以前にその用例が存在するので、伝統的コロケーションとして記述した。そのうち5例（20.8%）が、中期英語に見られ、4例（16.6%）はSpenserとほぼ同時代ではあるが、少し年長の詩人に見られることを示した。

中世に使用されていた伝統的なコロケーションについては、先例に習ってSpenserは行末に限らず行中にも、あるいは行のはじめにも自由に使用しているが、ほぼ同時代で少し年長の詩人に使われていたコロケーションについては、Spenserは例外なく行末で押韻させていることを明らかにした。

10.2　今後の課題と可能性

今後の課題について、部分的には第1節第1項に述べたとおりである。つまり、第1章で提示された語彙的コロケーションの課題のうち、ある語がどのような語と共起しているのかという課題には、本章は初期近代英語の英詩について、部分的ではあるがその一端を明らかにした。そしてSpenserのコロケーションにおける固有の用例を示してその独創性を明らかにした。これはある意味で共起する語の変化を探る課題に関わっている。

文法的コロケーションの課題のうち、ある語がどのような文法的特性と共起しているかという課題に対して、FQにおける名詞句の文法的内部構造の一端を示した。

意味的コロケーションの課題のうち、ある語がどのような意味領域の語と共起しているのかという課題については、FQのコロケーションに見られる一側面を明らかにしてきた。

しかし、以上3つの課題に関するそれぞれの変化を調査する課題は今後の課題となろう。

本章は、名詞句のコロケーションに対象を絞って論じてきた。 しかしながら、衆知のごとく形容詞句および形容詞相当語句は、名詞句においてのみ現れるわけではなくS + V + Cの構文や、S + V + O + OCの構文にも現れる。これらの構造とコロケーションの関係も歴史的な検証が待たれる。

もちろんコロケーションは、形容詞が絡むコロケーション以外にもさまざまに興味ある側面を見せる。またmetaphor, simile, metonymyなどもコロケーションに絡む問題であり、歴史的な観察は興味ある課題となろう。

細かな問題になるが、Spenserは副詞的用法のhalfをさまざまな語と共起させて興味あるコロケーションを生み出している。例えば以下のとおりである。

But the Dame halfe dead/ Through suddein feare (3.1.62.4)
Halfe furious vnto his foe he came (1.1.24.3)
Halfe in amaze with horror hideous (2.11.38.4)
And halfe in rage, to be deluded thus (2.11.38.5)
Whose scoffed words he taking halfe in scorne (4.2.6.6)

語り手のメッセージとして、このhalfが絡むコロケーションを読者はどのように読み解釈したらいいのか興味をそそられる。またその歴史的検証も興味深い課題であろう。

いっぽう、FQには頭韻が絡むコロケーションが多く見られる。頭韻は単なる修飾的な要素として、これまで周辺的な扱いを受けてきた感があるが、Spenserはことばを選択する際の重要な要因としていたように思われる。とくに写実的なコンテクストに頭韻は効果的に使用されている。そこで、FQにおいて頭韻を踏むコロケーションを歴史的に検証すれば、これも英語史の一端を明らかにする研究となりうるであろう。ちなみに、FQにおいてつぎのような文法的(あるいは統語的)なパターンにおいて脚韻語が頭韻を踏むコロケーションは、歴史的検証が待たれる興味深い課題である。

(前置詞+)名詞句+ and +名詞句:

/m/: with such **might** and **maine** (6.1.39.3) (6.4.7.4)
/w/: grow in **worship** and great **weale** (6.2.26.7)
/l/: Plaine signes in him of **life** and **liuelihead** (6.7.20.5)

/j/: Despoyled of those **ioyes** and **iollyhead** (6.11.32.8)

名詞句（主語）＋動詞句（述語）：

/b/: gentle **bloud** will gentle manners **breed** (6.3.2.2)

/gr/: but greatest **griefe** of scorning **growes** (6.7.49.9)

目的語＋副詞句＋動詞句：

/l/: That he his **loue** so **lucklesse** now had **lost** (6.4.40.2)

形容詞句＋ and ＋形容詞句：

/f/: and lookes but **false** and **fayned** (6.6.42.1)

/f/: a life so **free** and **fortunate** (6.9.19.3)

/w/: now so **wan** and **weake** (6.11.12.7)

形容詞句＋前置詞句：

/t/: **tyred** with his endlesse **toyles** (6.8.47.3)

/k/: or **cleare** of **crime** (6.12.40.6)

形容詞句（補語）＋動詞句：

/l/: he saw his fellow **lifelesse ly** (6.7.10.3)

形容詞句＋ to 不定詞節：

/l/: **likely** to be **lost** (6.4.1.3)

/r/: **ready** now to **rend** (6.10.35.7)

副詞句＋動詞句：

/w/: by thy **worth** thou **worthily** hast **wonne** (6.2.25.7)

副詞句＋副詞句：

/r/: a Iacket quilted **richly rare** (6.7.43.3)

/f/: he slept **full fast** (6.8.47.6)

動詞句＋ and ＋動詞句：

/k/: who to him **cryde,**/ And **called** (6.3.49.6)

/sw/: did **sweat** and **swinke** (6.4.32.4)

/dr/: **drinke**/ And **dry** vp all the water (6.4.32.7–8.)

/kw/: and **quake**, and **quiuer** (6.6.32.3)

動詞句＋名詞句（目的語）：

/bl/: and **blam'd** her noble **blood** (6.3.11.8)

/sp/: to **spend** the lingring **space** (6.8.39.3)

動詞句 + to 不定詞節：

/l/l: thou **list** to **learne** (6.3.40.1)

動詞句 + 副詞句：

/f/: he **follow'd** him so **fast** (6.3.26.6)

/f/: and **fled** himselfe away **for feare** (6.4.7.9)

先行詞 + 関係詞節の動詞：

/st/ : this ill **state**, in which she **stood** (6.3.11.6)

/m/: the **mischiefe**, which he inly **ment** (6.7.4.2)

/w/: the **world**, where so he **went** (6.7.21.8)

これらの頭韻を踏む Spenser のコロケーションは、英語の歴史の中でどのように位置づけられるのであろうか。これらのコロケーションについて歴史的に検証すれば、英語史の一端を明らかにする研究となるであろう。と同時に、英語表現の伝統性と詩人の特異性・独創性の一端を明らかにする文体的な研究となるであろう。

最後に、本章の原稿作成中にご逝去された Brewer 教授に、この場を借りて哀悼の意を捧げる。

第6章　18世紀から20世紀までのコロケーションの通時的研究

堀　正広

1　本章の概要

第1章「コロケーションと英語史」において詳述したように、コロケーション研究は、音韻論、語彙論、統語論、意味論などの英語史の研究分野と同様に、英語史研究の1つの領域として考えることができる。その場合、英語史の問題として次のようなコロケーションの問題をあげることができる。

（1）　各時代のコロケーションの記述。

（2）　個々のコロケーションの変化の記述。

（3）　時代の変化においても変わらないコロケーションの記述。

（4）　個人やジャンルにおける特異なコロケーションの記述。

本章では、18世紀から20世紀にかけてのコロケーションの問題として、(1)～(3)に関しては様態副詞のコロケーションを調査・分析していく。また、(4)に関してはDickensを例にとり、18世紀の作家のコロケーションと比較して、明らかにコロケーションの豊かさと特異性が見られることを、「形容詞+ eye(s)」のコロケーションの用例によって明らかにする。

1.1　使用するコーパス

本章においては第1章で言及したBNC, ECF, NCFそして独自に作成したThe Dickens Corpusを使用する。

（1）　British National Corpus (BNC)のうちフィクションのコーパスで

ある Imaginative prose を利用する。

（2） Eighteenth-Century Fiction on CD-ROM（ECF）

（3） Nineteenth-Century Fiction on CD-ROM（NCF）

（4） The Dickens Corpus

Sketches by Boz (1833–36), *The Pickwick Papers* (1836–37), *Oliver Twist* (1837–39), *Nicholas Nickleby* (1838–39), *The Old Curiosity Shop* (1840–41), *Barnaby Rudge* (1841), *American Notes* (1842), *Martin Chuzzlewit* (1843–44), *A Christmas Carol* (1843), *The Chimes* (1844), *The Cricket on the Hearth* (1845), *The Battle of Life* (1846), *The Haunted Man* (1848), *Dombey and Son* (1846–48), *David Copperfield* (1849–50), *Bleak House* (1852–53), *Hard Times* (1854), *Little Dorrit* (1855–57), *A Tale of Two Cities* (1859), *The Uncommercial Traveller* (1860), *Great Expectations* (1860–61), *Our Mutual Friend* (1864–65), *The Mystery of Edwin Drood* (1869–70)

2 *–ly* の様態副詞

本節では、コロケーションの通時的研究の調査対象として様態副詞を扱う。様態副詞を研究対象とする理由の1つは、下記の Biber *et al.*（1999: 541）に指摘されているように、日常会話、新聞、論文などのレジスターに比べ、様態副詞の使用頻度はフィクションにおいて際立っているためである。

> It is interesting to note that, overall, fiction also uses many different descriptive *–ly* adverbs, although few of these are notably common (occurring over 50 times per million words). Rather, fiction shows great diversity in its use of *–ly* adverbs. In describing fictional events and the actions of fictional characters, writers often use adverbs with specific descriptive meanings.

もう1つの理由は、様態副詞はそれぞれ独自のはっきりとしたコロケーションの傾向や特徴を示しているので、そのようなコロケーションの傾向や特徴がどのような時代的変遷をたどっているのか、あるいは一貫性をたもっているのかを調べることは大変興味深い問題だからである。

様態副詞のコロケーションを調査分析する前に、まずフィクションにおいて様態副詞の頻度が高いことを20世紀のイギリス英語のコーパスであるBNCを使って調べてみたい。表1にあるように、36の*–ly*様態副詞を、BNC全体の頻度とBNCの創作散文（Imaginative prose）の頻度を比較する。比較にあたっては100万語当たりの頻度比較を行っている。

表1に見られる36の*–ly*様態副詞の中で、BNC全体の100万語の割合の方が多いのは、frequently（0.32）, rapidly（0.60）, freely（0.85）, seriously（0.87）, easily（0.90）, gradually（0.91）の6つの副詞だけで残りの30の様態副詞はフィクションに多く見られる。なかでも、100万語あたりの使用頻度の割合が4倍以上のものはfixedly（5.19）, impatiently（5.07）, softly（5.0）, thoughtfully（5.0）, sternly（4.67）, silently（4.53）, angrily（4.39）, tenderly（4.37）, timidly（4.33）, coolly（4.28）の9つの様態副詞である。したがって、一般的には様態副詞はフィクションにおいて多く見られるということができるが、厳密には様態副詞によって違いがある。

次に、20世紀のフィクションに多く見られる様態副詞は18世紀や19世紀のフィクションにおいてはどうかを探ってみたい。上記の36の様態副詞のうちBNC全体の3倍以上の頻度を示す様態副詞、つまりフィクションに多い様態副詞の頻度の変遷を見て行く。

18世紀の小説のコーパスであるECFには全体の総語数が明記されていないので、コーパスのサイズに関しては、次のような計算を行った。まず、ECFに収録されている作品の中から、18世紀からは9作品、19世紀からは18作品を選び、Gutenberg Project（http://www.gutenberg.org/wiki/Main_Page）よりテクストをダウンロードし、それぞれの電子テクストを作成した。選んだ作品はそれぞれ次のものである。

1）18世紀英国小説9作品（約144万語）

Robinson Crusoe（1719）by Daniel Defoe（1660–1731）

表 1　BNC における様態副詞の頻度比較

	BNC 全体 (111,173,004words)		Imaginative (19,597,196 words)		Imaginative vs. BNC 全体の割合
	頻度	/ 1 M	頻度	/ 1 M	
quickly	11815	106.28	3970	202.58	1.91
easily	9617	86.50	1533	78.23	0.90
slowly	7365	66.25	42228	215.75	3.26
carefully	6807	61.23	2299	117.31	1.92
frequently	5712	51.38	324	16.53	0.32
seriously	5559	50.00	851	43.42	0.87
rapidly	4480	40.30	520	26.53	0.66
quietly	3851	36.64	2603	132.83	3.63
firmly	3811	34.28	1300	66.34	1.94
gently	3754	33.77	2187	111.60	3.30
gradually	3587	32.27	576	29.39	0.91
sharply	2337	21.02	972	49.60	2.34
softly	2256	20.29	1988	101.44	5.0
lightly	1867	16.79	918	46.85	2.79
happily	1712	15.40	570	29.09	1.89
steadily	1608	14.46	471	24.03	1,67
freely	1563	14.06	234	11.94	0.85
silently	1091	9.81	871	44.45	4.53
angrily	1029	9.26	794	40.67	4.39
hastily	806	7.25	549	28.01	3.86
eagerly	678	6.10	331	16.89	2.77
thoughtfully	660	5.94	582	29.70	5.0
anxiously	603	5.42	424	21.64	3.99
cheerfully	543	4.88	345	17.60	3.61
impatiently	541	4.87	484	24.70	5.07
hurriedly	427	3.84	295	15.05	3.92
coolly	391	3.52	295	15.05	4.28
gravely	301	2.71	184	9.39	3.46
solemnly	274	2.46	157	8.07	3.28
earnestly	248	2.23	149	7.90	3.54
tenderly	201	1.81	155	7.91	4.37
sternly	198	1.78	163	8.32	4.67
heartily	182	1.64	97	4.95	3.02
attentively	103	0.93	48	2.45	2.63
fixedly	65	0.58	59	3.01	5.19
timidly	58	0.52	44	2.25	4.33

Gulliver's Travels (1726) by Jonathan Swift (1667–1745)

Pamela (1741) by Samuel Richardson (1689–1760)

The Adventures of Roderick Random (1748) by Tobias Smollett (1721–1777)

Tom Jones (1749) by Henry Fielding (1707–1754)

The Prince of Abissinia (1759) by Samuel Johnson (1709–1784)

Tristram Shandy (1760) by Laurence Sterne (1713–1768)

The Vicar of Wakefield (1766) by Oliver Goldsmith (1730?-1774)

Evelina (1778) by Frances Burney (1752–1840)

2) 19世紀の英国小説18作品（約310万語）

Mansfield Park (1814) by Jane Austen (1775–1817)

Ivanhoe (1830) by Walter Scott (1771–1832)

The Last Days of Pompeii (1834) by Edward George Bulwer-Lytton (1803–1873)

The Posthumous Papers of the Pickwick Club (1837) Charles Dickens (1812–1870)

Sybil (1845) by Earl of Beaconfield Benjamin Disraeli (1804–1881)

Agnes Grey (1847) by Ann Brontë (1820–1849)

Wuthering Heights (1847) by Emily Brontë (1818–1848)

Jane Eyre (1847) by Charlotte Brontë (1816–1855)

Vanity Fair (1848) by William Makepeace Thackeray (1811–1863)

Cranford (1853) by Elizabeth Cleghorn Gaskel (1810–1865)

The Ordeal of Richard Feverel (1859) by George Meredith (1828–1909)

The Mill on the Floss (1860) by George Eliot (1819–1880)

The Woman in White (1860) by Wilkie Collins (1824–1889)

Alice's Adventures in Wonderland (1866) by Lewis Carroll (1832–1898)

The Last Chronicle of Barset (1867) by Anthony Trollope (1815–1882)

Erewhon (1872) by Samuel Butler (1835–1902)

Treasure Island (1883) by Robert Louis Stevenson (1850–1894)

Tess of the D'Urbervilles (1891) by Thomas Hardy (1840–1928)

18世紀の9作品と19世紀の18作品の総語数をコンコーダンスソフトである AntConc (http://www.antlab.sci.waseda.ac.jp/software.html) を使って調べた。次に、定冠詞 the の頻度数は、書き言葉のテクストでは2位を大きく引き離して常に1位なので、18世紀の9作品と19世紀の18作品における the の頻度をそれぞれ調べた。ECF における定冠詞 the の頻度は検索可能なのでそれを手がかりにECFとNCFの大まかなテクストサイズを割り出した。

表2　ECF と NCF の総語数の計算

	総語数	定冠詞 the の数
英国18世紀の小説9作品	1,443,176	61,443
ECF on CD-ROM (77作品)	12,102,028	515,242
英国19世紀の小説18作品	3,097,067	152,233
NCF on CD-ROM (250作品)	41,196,873	2,024,98

上記の表よりECFの総語数は12,102,028語となり、NCFは41,196,873語となる。したがって、概数としてECFの総語数は1,210万語で、NCFの総語数は4,120万語とする。

このように各世紀のフィクションの総語数にしたがって、各様態副詞の18世紀、19世紀、20世紀の頻度の違いを、頻度と100万語当たりに換算した頻度数が表3である。

この表3から少なくとも次のことが言えるであろう。

1）　様態副詞は20世紀の創作散文コーパスにおいて頻度数の高いものから順に並べられている。20世紀の様態副詞の使用頻度の順位と比較すると、18世紀よりも19世紀の方が、20世紀の様態副詞の使用頻度の順番に近いことがわかる。

2）　19世紀、20世紀には見られない頻度面での特徴として、18世紀の場合、100万語当たり1語以下の例が6語ある。その6語は、thoughtfully, anxiously, cheerfully, hurriedly, fixedly, timidly である。

3）　100万語当たり100語を越える様態副詞は20世紀に向かうにつれ多くなっている。18世紀は0語で、19世紀は slowly の1語だが、20世紀は slowly, quietly, gently, softly の4語となっている。

表 3　18 世紀、19 世紀、20 世紀のフィクションにおける様態副詞の頻度数

	BNC（Imaginative）1,960 万語		NCF on CD-ROM 約 4,120 万語		ECF on CD-ROM 約 1,210 万語	
	頻度	/ 1 M	頻度	/ 1 M	頻度	/ 1 M
slowly	42228	215.75	4514	109.56	137	11.32
quietly	2603	132.83	2892	70.19	187	15.45
gently	2187	111.60	2573	62.45	439	36.28
softly	1988	101.44	1974	47.91	332	27.44
silently	871	44.45	1152	27.96	90	7.44
angrily	794	40.67	805	19.54	75	6.20
thoughtfully	582	29.70	525	12.74	2	0.17
hastily	549	28.01	2922	70.92	622	51.40
impatiently	484	24.70	988	23.98	124	10.25
anxiously	424	21.64	1156	28.06	12	0.99
cheerfully	345	17.60	717	17.40	5	0.41
coolly	295	15.05	659	16.00	78	6.45
hurriedly	295	15.05	616	14.95	1	0.08
gravely	184	9.39	1358	32.96	180	14.88
solemnly	157	8.07	973	23.62	216	17.85
tenderly	155	7.91	1017	24.68	386	31.90
earnestly	149	7.90	1571	38.13	653	53.97
heartily	97	4.95	1283	31.14	805	66.53
fixedly	59	3.01	192	4.66	11	0.91
timidly	44	2.25	491	11.92	2	0.17

4）　上記の 2) と 3) から、様態副詞の使用頻度は 18 世紀から 20 世紀に向かうにつれ上昇傾向にあると言える。

5）　20 世紀に向かって明らかに増加している様態副詞は、slowly, quietly, gently, softly, silently, angrily, thoughtfully, impatiently, cheerfully である。

6）　20 世紀に向かうにつれ減少している様態副詞は、tenderly, earnestly, heartily である。

上記のような様態副詞の時代の推移に伴う頻度面での特徴を考慮に入れて、次の節では、様態副詞のコロケーションを扱う。

3　様態副詞のコロケーション：*fixedly, heartily, thoughtfully*

前節での様態副詞の時代ごとの変化を考慮に入れて、20 世紀にむけて増加している様態副詞の中から thoughtfully を、減少している様態副詞の中からは heartily を、その他の副詞の中から fixedly の 3 語のコロケーションを見ていく。

通時的な視点からある語のコロケーションを論じる場合、次の 3 つの側面から論じることができる。

（1） Lexical collocations（語彙的コロケーション）

（2） Grammatical collocations（文法的コロケーション）

（3） Semantic collocations（意味的コロケーション）

したがって、これら 3 つの面を考慮に入れながら、コロケーションの歴史的な変化を具体的な例を示しながら検討していく。まず、様態副詞の 20 世紀のコロケーションの特徴と傾向を探り、その後 18 世紀、19 世紀においてはどうであったかをさぐる。つまり、20 世紀の様態副詞のコロケーションの特徴と傾向は、18 世紀、19 世紀において一貫性を保ってきたか、あるいは変化してきたかを見て行く。その際、20 世紀は BNC の imaginative prose（フィクション）のコーパスを調査対象とし、18 世紀は ECF を、19 世紀は NCF を利用する。調査分析する様態副詞は、順に、fixedly, heartily, thoughtfully である。

3.1　*fixedly*

3.1.1　British National Corpus (Imaginative: 59 例)

イギリス英語約 1 億語のコーパスである BNC には様態副詞 fixedly は 65 例見られ、フィクションは BNC 全体のコーパスの 17.62％であるが、fixedly は 59 例ある。約 6 分の 1 の規模のコーパスに全体の 9 割の用例がフィクションに見られるということは、この fixedly という様態副詞は、フィクションにきわめて特化している副詞であるといえる。

それでは、(1) 語彙的コロケーション、(2) 文法的コロケーション、(3) 意味的コロケーションの順で考察していく。

(1) 語彙的コロケーション

59例の fixedly は1例が形容詞 cloudless “this pale yet *fixedly cloudless* sky” を修飾し、1例が focused “to be less *fixedly focused*” を修飾しているが、他の57例は次のような動詞と共起している。

動詞： stare (40), gaze (8), look (7), talk (1), peer (1)

fixedly と共起する動詞のうち約70%が stare と共起している。次に、多い順は gaze が8例で、look が7例となっている。したがって、fixedly は、きわめてはっきりとした語彙的コロケーションの特徴を持っていると言える。

(2) 文法的コロケーション

次に、fixedly の文法的コロケーションを考察すると、fixedly の59の用例のうち形容詞を修飾しているのは1例のみである。したがって、fixedly は動詞と共起する傾向がきわめて強い副詞と言える。

また、fixedly は「動詞＋ fixedly ＋ at」の語順で現れる例が多く、59例中32例がこのようなコロケーションのパターンで現れる。動詞 stare, gaze, look とのコロケーションの例を1例ずつあげる。

1） but Myles *stared fixedly* at him, saying nothing .

2） Nathan *gazed fixedly* at her for a moment with an expression

3） He took a deep breath and *looked fixedly* at Maggie whose grey eyes were getting bigger

さらに、fixedly の語順は、形容詞を修飾する例と受動態の例を除く57例すべてが、動詞の後ろに位置している。したがって、様態副詞 fixedly は文法的コロケーションにおいてもはっきりとした特徴を持っている副詞と言える。

(3) 意味的コロケーション

次に意味の面、つまり意味的コロケーションの点から見ていく。fixedlyが修飾する59の用例を見ると形容詞cloudlessと動詞talking, focusedの3例を除くと、56例が動詞を修飾し、56例すべてがstare, gaze, look, peerのように「見るという行為」を表す動詞を修飾している。つまり、fixedlyの用例59のうち95%が「見る行為」と共に使われる。

このような副詞fixedlyの意味的コロケーションは、分詞形容詞fixedとは異なった意味的コロケーションである。分詞形容詞fixedはa fixed date, a fixed income, fixed ideaのように「見るという行為を表す語」だけでなく、日時、収入、観念などを表す語とも共起する。下記の(d)に例をあげているように、動詞fixにおいても同様のことが言える。

> "to fix" (as a verb): fixing the brakes, the interest rate was fixed at 6, fix a time

したがって、副詞fixedlyは意味的コロケーションにおいては、分詞形容詞fixedや動詞fixに比べてコロケーションの幅(collocability)は狭いと言える。

次の節では、これまで見てきたfixedlyのコロケーションの特徴は、18世紀からすでに一貫して見られるのか、あるいは変化しているのかを見ていく。

3.1.2 Eighteenth-Century Fiction (11例)

20世紀のコロケーション調査と同じように、語彙的コロケーション、文法的コロケーション、意味的コロケーションの3つの面から見ていく。

(1) 語彙的コロケーション

ECFにはfixedlyの例は下記の引用の11例がある。

1） And now having *looked fixedly* on her a while,（P. Aubin, *Lady Lucy*）

2） Words, when Charles, who had *fixedly looked* upon him,（P. Aubin, *Lucinda*）

3） Lord Melvin, when my heart *is fixedly* another's.（F. Brook, *Lady Julia Mandeville*）

4） he *gazed fondly and fixedly* on her;（H. Brook, *The Fool of Quality*）

5） When Breakfast was over, Harry *looked fixedly* at his late Opponent and said,（H. Brook, *The Fool of Quality*）

6） without the least regard to confusion and blushes her *eying me so fixedly*（J. Cleland, *Memoirs of a Woman of Pleasure*）

7） Good God, resumed he,（*looking fixedly* upon me）what am I to think of this silence!（C. R. Lennox, *Harriot Stuart*）

8） indeed she *bent her eyes most fixedly* upon him,（H. Mackenzie, *The Man of the World*）

9） He paused—she was *looking fixedly* on the ground,（H. Mackenzie, *The Man of the World*）

10） he *bent his eyes fixedly* on the woman:（H. Mackenzie, *The Man of the World*）

11） Tears, at last, began to trickle down her cheeks, as she stood *fixedly looking up*.（S. Richardson, *Sir Charles Gradison*）

11 例の fixedly が修飾している語は下記の通りである。

動詞：look (6), gaze (1), eye (1), bend one's eyes (2), be (1)

look との共起が最も多く，11 例中 6 例である。20 世紀のイギリス英語コーパスである BNC では stare との共起が最も多かったが、18 世紀には stare を修飾する例は 1 例もない。一方、20 世紀にはないが 18 世紀にある共起語としては、be 動詞、動詞 eye、そして bend one's eyes との共起である。20 世紀とは異なった共起語が見られる。

(2) 文法的コロケーション

次に、文法的コロケーションを見ていく。副詞 fixedly の 11 例すべてが動詞を修飾していることは 20 世紀と同じ文法的コロケーションを示している。20 世紀では、fixedly の後に半数以上が前置詞 at を伴っていたが、18 世紀では前置詞 at をとるのは 1 例のみである。ところが、前置詞 on との共起が多く 11 例中 7 例ある。この点では 20 世紀とは文法的コロケーションは異なっている。語順に関しては、fixedly の位置は動詞の後に位置しているものが 10 例中 8 例であり、動詞の前に位置している例は 2 例ある。fixedly の後置修飾の文法的コロケーションの特徴は、すでに 18 世紀においてはっきりしている。

(3) 意味的コロケーション

意味的コロケーションに関しては、「見るという行為」と共起する傾向は、18 世紀においてもはっきりしている。11 例中 10 例が「見るという行為を表す動詞、あるいは動詞句」と共起している。したがって、意味的コロケーションは 18 世紀から 20 世紀まで一貫していることになる。それでは、19 世紀においてはどうであろうか。

3.1.3 Nineteenth-Century Fiction (192 例)

19 世紀の英国小説のコーパスである NCF には様態副詞 fixedly は 192 例ある。100 万語当たりの頻度では 4.66 語となる。18 世紀の 100 万語当たりの頻度は 0.91 語であるので、約 5 倍の激増である。20 世紀の場合は、100 万語当たり 3.01 なので、19 世紀の英国小説では他の世紀に比べ多く使われている副詞と言える。OED によると 1598 年を初例とする副詞 fixedly (初例の綴りは fixtly) は、17 世紀は 5 例、18 世紀は 2 例と少なく、19 世紀に増えて 10 例、そして 20 世紀において微減し 4 例となっている。これは本研究で使用している 18 世紀のフィクションのコーパス ECF、19 世紀のフィクションのコーパス NCF 、そして 20 世紀のフィクションのコーパス BNC の Imaginative prose の fixedly の用例数と同様の結果を示している。

(1)　語彙的コロケーション

NCF には様態副詞 fixedly は 192 の用例がある。そのうち fixedly が 4 例以上修飾する語はすべて動詞で次のものである。

動詞：look (114), gaze (29), stare (9), regard (4)

look との共起が圧倒的に多く 192 例中約 60% である。gaze とは 15% で，3 番目に stare が 5% である。18 世紀と比べると look との共起の割合はほとんど変化してはいないが、gaze や stare の共起語が増えている。20 世紀になると look との共起関係が激減し、stare が 55% を占めるほど激増することになる。20 世紀においては gaze との共起関係は 11% なので、19 世紀とはそれほど違いはない。

その他の動詞として下記のものがある。

watched, keep one's eyes, (eyes) gleaming, (eyes) glared, (eyes) nailed, fascinated, disliked, surveyed, etc.

fixedly が形容詞を修飾する例は 2 例あり、いずれも attentive を修飾している。

(2)　文法的コロケーション

192 例のうち 6 例を除いてはすべて一般動詞を修飾している。fixedly の後に来る前置詞は at, on, upon の順で多い。

~ fixedly at (80: 42%), ~ fixedly on (15: 8%), ~ fixedly upon (9: 5%)

"~ fixedly at" が 192 例のうち 40%あり、これは 20 世紀においては 54% なので 18 世紀、19 世紀、20 世紀と文法的コロケーションが一定の方向へ向かっていることを示している。一方、"~ fixedly on" は 18 世紀が最も多く、19 世紀、20 世紀に向かうにつれて減少する傾向にある。

fixedly の語順に関しては、"look/gaze/stare + fixedly" は 152 例中 146 例で 95%が後置修飾である。前置修飾は look の前が 2 例、gaze の前が 3 例、stare の前が 1 例見られる。fixedly の後置修飾の文法的コロケーションは 18 世紀から 20 世紀まで変わらない一貫した特徴だといえる。次の例は、Charlott Brontë からの前置修飾の例である。

> While I waited, I would not reflect. I *fixedly looked* at the street-stones, (C. Brontë, *Villette*)

(3) 意味的コロケーション

192 例中 153 例、つまり 8 割以上が「見る行為を表す」動詞と共起している。18 世紀や 20 世紀にも見られない例として下記の例文にあるような語との共起が見られる。disliked, attentive, fascinated の内面を表す語との共起である。この 4 例のうち 3 例は、Charlotte Brontë の作品に見られる。これは C. Brontë の collocational style の問題として考えられるであろう。

1） Because I *disliked* you too *fixedly* and thoroughly ever to lend a hand in lifting you to prosperity. (C. Brontë, *Jane Eyre*)

2） She delighted to sit by me when I gave my lessons (lessons in literature), her hands folded on her knee, the most *fixedly attentive* of any present. (C. Brontë, *The Professor*)

3） Mistress Affery, *fixedly attentive* in the window-seat, biting the rolled up end of her apron, (C. Dickens, *Little Dorrit*)

4） Fascinated, I stood, more *fixedly fascinated* when a voice rewarded the attention of my strained ear (C. Brontë, *The Professor*)

3.1.4　まとめ

様態副詞 fixedly のコロケーションは 18 世紀から 20 世紀にかけて一貫した特徴が見られる。ほとんどの場合動詞を修飾し、特に意味的には「見る行為を表す動詞」を修飾する。文法的には、「動詞＋ fixedly ＋前置詞」のパターンを取り、動詞を後置修飾する。語彙的には 18 世紀と 19 世紀においては動詞 look との共起が圧倒的に多かったが、20 世紀になって動詞 stare との共起が最も多く、語彙的なコロケーションの変化が見られる。

3.2　*heartily*

次に heartily のコロケーションを見ていく。この様態副詞の頻度は 18 世紀が最も多く、19 世紀、20 世紀と減少している。100 万語当たりで見ると、18 世紀は 66.53 回であるが、19 世紀には 31.14 回となり、20 世紀は 4.95 回である。18 世紀は 20 世紀の 13.5 倍の頻度で heartily が使われたことになる。まず、20 世紀の heartily のコロケーションを調査し、18 世紀、19 世紀と探っていきたい。

3.2.1　British National Corpus（Imaginative: 97 例）

BNC 全体では、様態副詞 heartily は 182 例あるが、BNC 全体の 6 分の 1 のコーパスであるフィクション（Imaginative prose）には約半数の 97 例がある。これはフィクションにおいて heartily の頻度が極めて高いことを意味する。

それでは、fixedly のコロケーションの調査のように (1) 語彙的コロケーション、(2) 文法的コロケーション、(3) 意味的コロケーションの順で考察していく。

(1)　語彙的コロケーション

97 例の heartily は、86 例が動詞を修飾し、11 例が形容詞を修飾している。2 例以上見られる動詞は下記のものである。

動詞：say (18), laugh (16), wish (9), eat (8), agree (4), dislike (4), curse (2), slap (2), greet (2)

laugh と say が頻繁に共起する動詞と言える。1例のみの動詞の例としては下記のものがある。

approve, ask, believe, chomp, chuckle, deserve, despise, disgust, enquire, espouse, exclaim, forgive, giggle, join, kiss, opine, pull, relieve, recommend, thank, think

heartily を修飾する形容詞は下記のものである。

形容詞(11)：sick (4), glad (2), ashamed (1), built (a heartily built stone) (1), gallant (1), sorry (1), tired (1)

(2) 文法的コロケーション

heartily と修飾する動詞の位置関係を次の3つに分類してみる。(a) 動詞の後ろに来る傾向が強い動詞、(b) 動詞の前に来る傾向が強い動詞、(c) どちらとも言えない動詞。括弧の中は、その傾向が強い用例数とその反対の用例数である。

3つのタイプの代表的な例を示す。

(a) "verb + heartily" 型：say (18:0), laugh (16:0), eat (8:0) ,curse (2:0), slap (2:0)
(b) "heartily + verb" 型：wish (7:2), agree (3:1), dislike (3:1)
(c) 両方のタイプ (a 型：b 型)：なし

heartily と1回しか共起しない動詞も前置と後置に分けると次のようになる.

（a）“verb + heartily” 型：chomp, chuckle, enquire, exclaim, forgive, giggle, greet, join, kiss, opine, pull, thank, think

（b）“heartily + verb” 型：approve, deserve, despise, disgust, espouse, recommend, relieve

これらの動詞の意味を考慮に入れると、動詞を修飾する heartily の位置は、何らかの動作を表す動詞や動作を伴う行為を表す動詞を修飾する場合は後置で、心理的な状態を表す動詞を修飾する場合は前置であると言える。

また動詞 laugh と共起する場合は、“We laughed heartily at his joke.” のように「laugh + heartily + at」のパターンが見られる。形容詞の修飾に関しては、BNC 全体でも形容詞との共起は heartily sick が最も多く、10 例みられる。この場合の sick は病気を意味するのではなく、10 例すべて “I am getting heartily sick of your attitude.” のように「嫌気がさす」意味で使われ、“heartily sick of” のパターンである。

(3)　意味的コロケーション

様態副詞 heartily が修飾する動詞は 2 つのタイプに分けることができる。動作を表す動詞（laugh, say, eat, curse, slap）と心理や認識を表す動詞（wish, agree, dislike, despise）である。また、形容詞の場合は sick, ashamed, sorry, tired のような不快感を表す語と、glad, gallant のような好ましい意味を表す語との両方と共起するが、不快感を表す形容詞の方が頻度は高く、語の種類も多い。

3.2.2　Eighteenth-Century Fiction（805 例）

様態副詞 heartily は、20 世紀の BNC では 100 万語あたりの頻度は 4.95 回であるが、18 世紀の ECF では 66.53 回で、BNC の約 13 倍の頻度である。heartily の頻度は 18 世紀から 20 世紀にかけて激減している。20 世紀よりも 18 世紀において好まれたこの様態副詞のコロケーションには何らかの傾向があるのか、語彙的、文法的、意味的コロケーションを調べる。

(1) 語彙的コロケーション

次のものは様態副詞 heartily と共起する動詞を頻度順に並べたものである。括弧の中は頻度である。

動詞：wish (92), laugh (54), thank (33), eat (31), hate (26), despise (20), pray (18), pity (16), congratulate (17), shake (16), rejoice (14), swear (8)

20 世紀のコーパス BNC の共起動詞と共通している動詞は、wish, laugh, eat である。20 世紀において heartily が最も多く共起していた伝達動詞 say は 1 例も見られない。また、18 世紀に見られて 20 世紀に見られない動詞は、hate, pity, pray, shake である。

次に、共起する形容詞を見てみる。

形容詞 : sorry (48), glad (26), welcome (24), ashamed (11), weary (10), tired (7), sick (7)

BNC には見られなかった形容詞としては、welcome, weary があるが、形容詞に関しては 18 世紀と 20 世紀とでは語彙的コロケーションの面では動詞ほどの違いは見られない。

(2) 文法的コロケーション

様態副詞 heartily は修飾する動詞の位置に関して動詞によって違いが見られる。共起する動詞と heartily の位置について次の 3 つに分ける。(a) 動詞の後ろに来る傾向が強い動詞、(b) 動詞の前に来る傾向が強い動詞、(c) どちらとも言えない動詞。括弧の中はその傾向が強い用例数とその反対の用例数である。

(a) “verb + heartily” 型 : laugh (52:2), eat (31:0), shake (15:1), swear (6:2) (b)　"heartily + verb" 型 : hope (10:0), rejoice (13:1), congratulate (15:2), despise (16:4), wish (70:22)

(c)　両方のタイプ (a 型 : b 型) : thank (18:15), hate (14:10), pray (8:10), pity (7:9)

20 世紀における、「何らかの動作を表す動詞」や「動作を伴う行為を表す動詞」を修飾する場合は後置で、「心理的な状態を表す動詞」を修飾する場合は前置の傾向があるという特徴は、20 世紀ほどではないが、18 世紀にも見られる傾向である。ただ、18 世紀においては両方のタイプが見られるが、20 世紀においては両方のタイプは見られなかった。20 世紀においては laugh の前に heartily が来る例はなかったが、18 世紀では次の 2 例が見られた。いずれの例も Richardson である。

1)　as I cannot forbear *heartily laughing* at the Airs (S. Richardson, *Familiar Letters*)

2)　when I can so *heartily laugh* in the wedded state, (S. Richardson, *Sir Charles Grandison*)

興味深いのは、shake の場合はほとんどが hand と共起し、次のように「shake ＋人＋ heartily by the hand」の構文で現れる。

Jones *shook him very heartily by the hand.* (H. Fielding, *Tom Jones*)

つまり、shake と heartily のコロケーションは固定した構文において見られる。しかし、BNC においては、shook her by the hand (2 例) は見られるが、様態副詞 heartily との共起は見られない。

(3)　意味的コロケーション

様態副詞 heartily と共起する動詞を、好ましい感情を表す動詞と好ましくない感情を表す動詞に分ける。

好ましい感情を表す動詞：wish (92), augh (54), thank (33), pray (18), pity (16), congratulate (17), rejoice (14)
好ましくない感情を表す動詞：hate (26), despise (20), swear (8)

動詞 laugh や pray は動作を表すが、好ましい感情を表す行為とみなし、好ましい感情を表す動詞に分類している。傾向としては好ましい感情を表す動詞が多いが、好ましくない感情を表す動詞 hate、despise の反意語である love、like、respect などの動詞と共起していない点は興味深い。

様態副詞 heartily と共起する形容詞を好ましい感情を表す形容詞と好ましくない感情を表す形容詞とに分けると、

好ましい感情を表す形容詞 (50)：glad (26), welcome (24),
好ましくない感情を表す形容詞 (83)：sorry (48), ashamed (11), weary (10), tired (7), sick (7)

はっきりした意味的コロケーションを示してはいないが、用例の数と形容詞の種類の多さから 18 世紀は好ましくない感情を表す形容詞との共起が優勢である。

3.2.3 Nineteenth-Century Fiction (1,283 例)

19 世紀のフィクションに於ける様態副詞 heartily の 100 万語あたりの頻度は 18 世紀のフィクションの約半分である。20 世紀になるとさらに激減する。heartily のコロケーションの面では、19 世紀は 18 世紀のコロケーションに類似した傾向を示している。

(1) 語彙的コロケーション

次のものは様態副詞 heartily が修飾する動詞を頻度順に並べたものであ

る。

動詞：laugh (246), wish (107), shake (71), thank (49), say (31), despise (24), eat (23), hope (21), congratulate (16), pray (14), welcome (9), hate (7), dislike (6), pity (6)

18 世紀と共通している点は、laugh, wish, thank, despise, eat, congratulate, pray は上位 10 位までに見られる。19 世紀は laugh との共起が大変増加している。19 世紀において増加しているのは、shake, say, hope である。伝達動詞 say との共起は 18 世紀においては見られなかったが、19 世紀では共起頻度は 5 位になり、急激に増えている。20 世紀においてはさらに増え、laugh に次いで 2 位となっている。shake に関しては、18 世紀では 805 例の heartily のうち 16 例（約 2%）が shake を修飾していたが、19 世紀では 1283 例中 71 例（5.5%）が shake を修飾し増えている。しかし、20 世紀においては heartily と shake の共起は見られない。動詞 hate の修飾に関しては 19 世紀においては減少している。

次に、形容詞との共起関係を見てみる。

形容詞：glad (77), welcome (50), ashamed (31), sorry (23), sick (18), tired (17), weary (3)

上記の 7 種類の形容詞は 18 世紀のフィクションにおいて heartily が共起する形容詞と全く同じである。18 世紀においては sorry, glad, welcome, ashamed, weary, tired, sick の順に多かったが、共起する形容詞は同じである。したがって、heartily が修飾する形容詞に関しては、18 世紀と 19 世紀においては、ほとんど変化は見られないことになる。

(2)　文法的コロケーション

様態副詞 heartily が動詞を修飾する場合の位置に関して、(a) 動詞の後ろに来る傾向が強い動詞、(b) 動詞の前に来る傾向が強い動詞、(c) どちらとも言えない動詞の3つのタイプに分ける。括弧の中は、その傾向が強い用例数とその反対の用例数である。

(a) "verb + heartily" 型：laugh (246:3), thank (44:5), say (29:2), shake (61:10), eat (23:0), congratulate (11:5)
(b) "heartily + verb" 型：wish (98:9), hope (19:2)
(c) 両方のタイプ (a:b)：pray (7:7), hate (4:3), pity (2:4)

(a) タイプの動詞の後ろから修飾する動詞は、18世紀と同じように laugh, eat, shake である。しかし、thank は18世紀においては両方のタイプに属していて、congratulate は (b) タイプの前から修飾する動詞だった。これは、18世紀から19世紀において laugh, eat, shake は、文法的コロケーションは一貫して変化しなかったが、thank, congratulate は変化したと言える。

(b) タイプの前から修飾する動詞は、wish も hope も18世紀と同じで文法的コロケーションに変化は見られなかったことになる。また、(c) タイプの両方のタイプでも、pray, hate, pity は18世紀と同じ文法的コロケーションの特徴を堅持している。

18世紀には見られなかった伝達動詞 say との共起は19世紀において急増し、動詞の後に heartily は現れるのが圧倒的だが、次の2例だけ say の前に来ている。いずれの例も W. Thackeray である。

1) we could *heartily say* grace over such very cold mutton. (*The Virginians*)
2) And to this wish all three gentlemen *heartily said* Amen! (*The Adventurers of Philip*)

いずれもキリスト教の祈りを表す表現を強調するために通常でない語順で heartily は使われていることになる。Thackeray の文体的な特徴と関わりがあるであろう。

(3)　意味的コロケーション

様態副詞 heartily と共起する動詞を、好ましい感情を表す動詞と好ましくない感情を表す動詞に分ける。

好ましい感情を表す動詞：laugh (246), wish (107), shake (71), thank (49), hope (21), congratulate (16), pray (14), pity (6)
好ましくない感情を表す動詞：despise (24), hate (7), dislike (6)

様態副詞 heartily と共起する形容詞を好ましい感情を表す形容詞と好ましくない感情を表す形容詞とに分ける。

好ましい感情を表す形容詞 (127)：glad (77), welcome (50)
好ましくない感情を表す形容詞 (92)：ashamed (31), sorry (23), sick (18), tired (17), weary (3)

18 世紀は用例数としては好ましくない感情と共起する用例が多かったが 19 世紀では好ましい感情と共起する用例が増えている。ただ、好ましい感情の形容詞は 18 世紀と比較して glad と welcome に限定されている。好ましくない感情を表す形容詞の種類は 18 世紀とほとんど違いがない。

3.2.4　まとめ

様態副詞 heartily は、18 世紀が最も多く 19 世紀、20 世紀と使用頻度は激減している。語彙的コロケーションにおいては、20 世紀において heartily がもっとも多く修飾する動詞は伝達動詞 say であるが、18 世紀には 1 例も見られない。19 世紀には急激に増加し共起頻度では 5 位となっている。これは、時間の経過と共に heartily の語彙的コロケーションが変化したことを意味する。文法的なコロケーションでは、前置と後置の両方を取る動詞が 18 世紀には見られたが、20 世紀では見られなくなった。この点では、20 世紀よりも文法的コロケーションは固定していると言える。意味的なコロケーションとしては、18 世紀から 20 世紀にかけて動詞に関しては好ましい意味を表す動詞と共起する例が多い。形容詞との共起関係は、18 世紀から 20 世紀にかけて著しい変化は見られなかった。

3.3 *thoughtfully*

前節で調査した様態副詞 heartily とは対照的に、thoughtfully は、18 世紀から 20 世紀に向けて頻度の面においては急増した様態副詞である。18 世紀のフィクションである ECF では 2 例のみだったが、19 世紀のフィクションである NCF では 525 例、そして、20 世紀では BNC のフィクションに 582 例みられた。これを 100 万語あたりに換算すると、18 世紀が 0.17 回、19 世紀が 12.74 回、20 世紀が 29.70 回となる。OED の用例数においては thoughtfully の引用例は 44 例あり、その内訳は 1611 年が初例で、18 世紀は 2 例、19 世紀は 19 例、20 世紀は 23 例と増加している。

3.3.1 British National Corpus (Imaginative: 582 例)

様態副詞 thoughtfully は BNC 全体のコーパスでは 661 例あるが、その中でコーパスとしては 6 分の 1 程度であるフィクションにおいて 582 例見られ、BNC 全体の様態副詞 thoughtfully の用例の 88%はフィクションに見られることになる。したがって、thoughtfully は 20 世紀においてはフィクションにおいて好まれる様態副詞である。

(1) 語彙的コロケーション

次のものは様態副詞 thoughtfully が修飾する動詞の上位 10 位までの単語である。

say (140: 24.1%), look (61: 10.4%), nod (32: 5.5%), add (27: 4.6%), stare (14: 2.4%), frown (13: 2.1%), gaze (13: 2.1%), regard (13: 2.1%), study (12: 2.1%), narrow (9: 1.5%), watch (9: 1.5%)

様態副詞 thoughtfully の 4 分の 1 は伝達動詞 said を修飾している。次に多いのは looked である。thoughtfully の全体の用例 582 例の 3 分の 1 が say か look と共起している。したがって、20 世紀における thoughtfully の語彙的コロケーションははっきりとした傾向を持っていると言える。

(2)　文法的コロケーション

BNC において様態副詞 thoughtfully が形容詞を修飾する例は下記の 1 例のみで、他のすべての用例は動詞を修飾する。

He slanted her a *thoughtfully challenging* look.

動詞を修飾する場合の位置に関して、(a) 動詞の後ろに来る傾向が強い動詞、(b) 動詞の前に来る傾向が強い動詞、(c) どちらとも言えない動詞の 3 つのタイプに分ける。括弧の中は、その傾向が強い用例数とその反対の用例数である。

(a)　"verb + thoughtfully" 型 : say (138: 2), look (61: 0), nod (32: 0), added (26: 1), stare (14: 0), frown (9: 4), gaze (13: 0), regard (13: 0), study (12: 0), narrow (9: 0), watch (7: 2)
(b)　"thoughtfully + verb" 型 : なし
(c)　両方のタイプ (a 型 : b 型) : なし

様態副詞 thoughtfully は修飾する動詞との語順は大変はっきりした傾向を持っている。ほとんどの動詞で動詞の後に現れる。say, add, watch の動詞の前に現れる場合も下記の用例に見られるように、強調として使われている。

1)　*Thoughtfully,* Andrée *said*, "Do you think your mother cares two hoots about being married or not married to a man?"
2)　*Thoughtfully* Adam *said*, "It was, perhaps, a pity that you were unable to stay

on with ...”

3) *Thoughtfully,* she *added*, “So did I.”

4) *Thoughtfully* she *watched* his elegant figure in the well-cut black coat, ...

様態副詞 thoughtfully と動詞 narrow との共起関係は文法的にきわめて限定されている。BNC における 9 例すべて narrow は自動詞で主語は目の複数形 eyes である。

1) Jules’s eyes *narrowed thoughtfully*,

2) His eyes *narrowed thoughtfully*,

3) His eyes *narrowed thoughtfully* and to her surprise and confusion he suddenly sat beside her on the settee,

4) FitzAlan’s eyes *narrowed thoughtfully* on her face.

5) The blue eyes *narrowed thoughtfully*,

6) Her voice was sharp with suspicion, and his eyes *narrowed thoughtfully*,

7) The penetrating grey eyes had *narrowed thoughtfully* on her pale face.

8) He seemed unoffended , though his eyes had *narrowed thoughtfully* on her.

9) He seemed to consider the question, his eyes *narrowing thoughtfully*.

(3) 意味的コロケーション

上記の動詞のうち add は下記の用例に見られるように、say と同じように一種の伝達動詞としての役割を果たしている。

“Ou plus pierre ,” she *added thoughtfully*.

また、look のように見る行為を表す動詞として、stare, gaze, watch も上位に見られる。伝達動詞 say と add を合わせると 175 例あり、「見る行為を表す動詞 」look, stare, gaze, watch を合わせると 100 例となる。したがって、これらの用例は様態副詞 thoughtfully 582 例の約半数 275 例を占めているので、20 世紀の英語コーパスである BNC のフィクションにおいては、thoughtfully は伝達動詞と「見る行為を表す動詞」と共起するというはっきりとした傾向が見られる。

3.3.2　Eighteenth Century Fiction（2 例）

18 世紀のフィクションには様態副詞 thoughtfully は次の 2 例しかない。

1）I saw with pleasure, as I *thoughtfully went* through the divine pages, that natural religion is the foundation and support of revelation;（T. Amory, *John Buncle*）

2）"It is difficult to say," *answered* Sir Clement, very *thoughtfully*,（F. Burney, *Evelina*）

3.3.3　Nineteenth Century Fiction（525 例）

19 世紀のフィクションでは様態副詞 thoughtfully は急激に増加した。

(1)　語彙的コロケーション

様態副詞 thoughtfully は 19 世紀のフィクションにおいて形容詞を修飾する例は 4 例あり、silent, intent, apprehensive を修飾している。

1）she would sit so *thoughtfully silent*,（G. MacDonald, *The Princess and the Goblin*）

2）Marianne remained *thoughtfully silent*, till a new object suddenly engaged her attention. (J. Austen, *Sense and Sensibility*)

3）"A year and more," said Alice, *thoughtfully intent* upon her face.（C. Dickens, *Dombey and Son*）

4）Something *thoughtfully apprehensive* in the large, soft eyes, had checked Little Dorrit（C. Dickens, *Little Dorrit*）

他はすべて動詞を修飾している。次のものは様態副詞 thoughtfully と共起する動詞を頻度順に並べたものである。

say (163), look (70), reply (19), walk (16), repeat (13), sit (11), observe (6), stand (6), remark (5)

20 世紀の BNC のフィクションと同じように、19 世紀においても様態副詞はすでにはっきりとした語彙的コロケーションの特徴を示している。つまり、say との共起が最も多い。

次に多いのは動詞 look である。20 世紀とは異なる点は、BNC には見られた look 以外の「見る行為を表す動詞」である stare, gaze, watch などとの共起の例はない。したがって、20 世紀ほど動詞は多様性には富んでいない。

また、slowly and thoughtfully のような slowly との共起は 11 例あり、thoughtfully and sadly のような sadly との共起は 5 例見られる。

(2) 文法的コロケーション

様態副詞 thoughtfully と動詞の語順はほとんどが動詞の後に thoughtfully は現れる。括弧の中は thoughtfully が後ろから修飾する場合と前から修飾する場合の用例数である。

(a) “verb + thoughtfully” 型 : say (162: 1), look (63: 7), reply (19: 0), walk (15: 1), repeat (13: 0), sit (11: 0), nod (7: 0), observe (6: 0), stand (6: 0), remark (5: 0)

BNC で見られた “one’s eyes narrowed thoughtfully” のパターンのコロケーションは 19 世紀には見られない。「動詞＋ thoughtfully ＋前置詞＋ the fire」のコロケーションは複数の作品にまたがって 17 例見られた。ここでの the fire は暖炉を意味する。このパターンのコロケーションは BNC においては 1 例のみであった。19 世紀において暖炉は英国の日常生活においては重要なものであったが、20 世紀では 19 世紀ほど重要ではなくなったことの現れであろう。

(3)　意味的コロケーション

様態副詞 thoughtfully ははっきりとした意味的なコロケーションを示している。say だけでなく他の伝達動詞との共起関係が強い。say 以外にも次の伝達動詞を修飾している。

伝達動詞 (216)：say (163), reply (19), repeat (13), observe (6), remark (5), ask (4), return (4), add (2)

伝達動詞だけでも全体の用例 525 例の 40%を占めている。

3.3.4　まとめ

様態副詞 heartily とは対照的に、様態副詞 thoughtfully は、18 世紀から 20 世紀にかけて使用頻度の面においては急増した。18 世紀においては 2 例のみで go と answer を修飾している。20 世紀においては、thoughtfully の全体の用例 582 例の 3 分の 1 が say か look と共起している。したがって、20 世紀における thoughtfully の語彙的コロケーションははっきりとした傾向を持っていると言える。19 世紀においても様態副詞 thoughtfully は、はっきりとした語彙的コロケーションの特徴を示している。つまり、say との共起が最も多く、次に多いのは動詞 look である。しかし、20 世紀ほど動詞は多様性には富んでいない。意味的コロケーションでは 20 世紀も 19 世紀も伝達動詞と「見るという行為を表す動詞」と共起するというはっきりとした傾向を示している。文法的コロケーションにおいても動詞の後ろから修飾する場合がほとんどである。ただ、20 世紀には見られないパターンとして、19 世紀においては「動詞＋ thoughtfully ＋前置詞＋ the fire」のコロケーションパターンがしばしば見られるのが特徴的である。

4　通時的視点からの個人のコロケーション：Dickens の場合

通時的視点からの個人のコロケーションの特徴と傾向の例として Charles Dickens (1812–70) のコロケーションについて記述する。このような通時的視点からの文学作品の文体の記述は、Sylvia Adamson などによって積極的に研究が進められている historical stylistics of literature の領域の研究として位置づけられるであろう。しかしながら、historical stylistics の分析においては、コロケーションの視点からの研究はまだほとんどなされていないように思われる。

本節では、19 世紀の英国の代表的な小説家である Dickens と Dickens に影響を与えた 18 世紀の代表的な 4 人の小説家である Daniel Defoe (1660–1731), Tobias Smollett (1721–71), Henry Fielding (1707–54), Samuel Richardson (1689–1761) (cf. Ian Watt 1966: 10) の代表的な作品と比較しながら Dickens のコロケーションの豊かさと特異性について述べたい。ここでは、Dickens の作品において人物描写や心理描写を行う際に、重要な役割を果たし、肉体を表す単語の中で hand についで頻度の高い eye (s) のコロケーション、とくに「形容詞＋ eye (s)」のコロケーションを調査分析していく。

Dickens のコロケーションを小説の言語・文体の流れの中で考えると、18 世紀の代表的な作家のコロケーションと比べて、豊かな多様性を示しているだけでなくきわめて特異なコロケーションが見られる。Dickens のコロケーションに言及する前に、Dickens に影響を与えたと言われる 18 世紀の 4 人の作家の代表的な作品の「形容詞＋ eye (s)」のコロケーションを見ていきたい。

まず、Defoe の *Robinson Crusoe* (1719) には、「形容詞＋ eye (s)」のコロケーションは the same eyes と two broad shining eyes の 2 例のみである。これは「形容詞＋ eye (s)」のコロケーションに限らず、Defoe においては、「形容詞＋名詞」のコロケーションが少ない。これは、下記の Adolph (1968: 280–1) の記述にも見られるように、客観的な事実の描写に重きを置いた Defoe の創作態度とも関わりがあろう。

> Defoe's emphasis is all... on the difficulty of exact, objective description, on the problem of getting the shade just right, not on the author's momentary feelings toward the subject.

Allen によって "as essentially a disciple of Smollett, greater than his master" (1958: 163) とみなされた Dickens だが、その Smollett の *Roderick Random* (1748) においては、「形容詞＋ eye (s)」のコロケーションは以下の通りである。

> languid eyes, little grey eyes (Chs. 7, 11, 18), lively blue eyes (Ch. 22), aged eyes (Chs. 38, 67), little fierce eyes, fierce eyes (Ch. 52),enchanting eyes, many eyes, dim eyes, owlish eyes (Ch. 46), ravished eyes, lovely eyes

ここで使用されている形容詞は、外見的なあるいは物理的な意味を表す形容詞 little, grey, blue, owlish, lovely, enchanting, many, dim, aged と人物の内面的な感情や心理状態を暗示する形容詞 lively, fierce, ravished が使われている。いずれのコロケーションも逸脱した語の組み合わせではなく、一般的なコロケーションである。したがって、本節の後半で言及する Dickens の豊かなで逸脱した「形容詞＋ eye (s)」のコロケーションの点から考えると、人物描写や人物の心理描写の点からは Smollett は Dickens に比べ多様性に富んでいるとは言えない。

Fielding の *Tom Jones* (1749) においては Defoe や Smollett よりも多様性に富んでいると言える。

> black eyes (IV, 2, V, 12, V, XIII, 5), bright eyes (VIII, 4), dim eyes (V, 8), dry eyes (XIII, 8), fiery eyes (V, 11), languid eyes (XIV, 7), large eyes (V, 5), moistened eyes (XIII, 1), prettiest eyes (XII, 7), profane eyes (XIII, 1), pure eyes (I, 3), shining eyes (VII, 3), sloe-black eyes (I, 11), sparkling eyes (2 回 , IV, 2, XIII, 8), staring eyes (IV, 10) , strongest eyes (V, 4), swollen eyes (XI, 5), unhallowed eyes (V, 11), uplifted eyes (VII, 15)

外見的な目の描写を表している形容詞は、black, large, moistened, prettiest, sloe-black, sparkling, swollenである。外見的な目の描写というより目の機能や目線の輝きを表す形容詞は、bright, dim, shining, sparkling, staring, strongest, upliftedで、内面的な性格や心理を暗示する形容詞は、dry, fiery, languid, profane, pure, strongest, unhallowedである。このなかでpure eyes, strongest eyes, unhallowed eyes, moistened eyesは、18世紀の代表的な小説のほとんどを収録しているECFでは唯一の例で、他の18世紀の作家は使用していない。

Defoe, Smollett, Fileding, Richardsonの4人の中で、「形容詞＋ eye (s)」のコロケーションが最も多様性に富んでいるのはRichardsonである。たとえば、*Pamela* (1741) では、目の描写を通して人物達の性格や心理描写が巧みに行われている。

> black eyes (Letter 38), charming eyes (Journal 29, Letter 33), dear eyes (Journal 29), delighted ones (eyes) (Letter 64), different eyes (Letter 23), favourable eyes (Journal 9), fiery eyes (Journal 25, Letter 34), fine eyes (Letters 63, 64), foolish eyes (Letter 33), half-affrighted eyes (Letter 23), an hundred eyes (Journal 4), pleased eyes (Letter 64), pretty eyes (Letter 64), red eyes (Journal 2), fiery saucer eyes (Journal 11), speaking eyes (Letter 23, Journal 24), great staring eyes (Journal 17), these surrounding eyes (Letter 32), sweet eyes (Letter 25), tearful eyes (Letters 27, 35), little watchful eyes (Letter 64), weak eyes (Letter 35), worthy eyes (Letter 25)

これらのコロケーションで、外面的な目に言及している形容詞は少なく、red, charming, tearful, black, prettyだけである。hundred eyesを除いては、すべて人物描写や心理を暗示する形容詞で、ほとんどが転移修飾語として使われている。その中で、ECFにおいてRichardsonしか使っていないコロケーションは、次のものである。

half-affrighted eyes, worthy eyes, tearful eyes, surrounding eyes, foolish eyes, weak eyes, pleased eyes, delighted ones (eyes)

このような逸脱したコロケーションはRichardsonのその後の作品である*Clarissa Harlowe*（1747–8）では、さらに多様性を増し、「形容詞+ eye（s）」のコロケーションだけでなく、18世紀の作家の中でこの作品でしか使われていない逸脱したコロケーションが多く使われている。

したがって、これまで見てきた18世紀でDickensに影響を与えた作家と言われる4人の中で、少なくとも「形容詞+ eye（s）」のコロケーションの面から見るとRichardsonが最も多様性と豊かさを示している。

それでは次にDickensの場合の「形容詞+ eye（s）」のコロケーションの例を見てみたい。Dickensの長編作品の中で最も短い作品である*Hard Times*（1854）（約10万4千語）を扱う。ちなみに、テクストのサイズで比較すると*Robinson Crusoe*（12万4千語）、*Roderick Random*（19万1千語）、*Tom Jones*（35万語）、*Pamela*（22万語）でDickensの*Hard Times*が最も語数が少ないテクストである。

(Mr. Gradgrind) cavernous eyes, deep-set eyes (I, 4) / (Mrs. Sparsit) black eyes (II, 10, 11), dark eyes (I, 11, II, 9, 11, 11), classical eyes, distracted eyes (II, 9) / (Bitzer) cold eyes (I, 2), blinking eyes (III, 2) / (Sissy) trusting eyes (II, 9), confiding eyes (III, 2) / (Rachael) gentle eyes (I, 10), pleasant eyes (I, 10), moistened eyes (I, 13), woeful eyes (I, 13), bold eyes (in Mrs. Sparsit's dialogue) (II, 1) / (Tom) not too sober eyes (II, 3) / (Mrs. Gradgrind) fine dark thinking eyes (in Stephen's dialogue) (II, 6) / (Stephen) winking eyes (II, 6) / (Louisa) searching eyes (III, 1) / (others) both eyes (I, 2), eager eyes (III, 4), practiced eyes (III, 6), all eyes (III, 6), many eyes (III, 6).

上記の例においていくつか特徴的なコロケーションを指摘することができる。まず第1に、圧倒的に人物の内面を暗示する形容詞が多いと言うことである。上記のコロケーションのうち外面的な目を表す形容詞は、cavernous, black, blinking, moistened, dark, winking である。それら以外はほとんどが内面を表すか、あるいは暗示する形容詞である。第 2 に、gentle eyes, trusting eyes, distracted eyes, not too sober eyes, eager eyes のような転移修飾語のコロケーションが見られる。文法的には目を修飾しているが、内容的にはその目の持ち主である人物の性格や内面について述べている。

第 3 に、一般的でないコロケーションが多く見られる。たとえば次のようなものである。cavernous eyes, classical eyes, cold eyes, confiding eyes, deep-set eyes, practiced eyes, trusting eyes, woeful eyes。19 世紀のフィクションのコーパスである NCF によると、これらのコロケーションのうち *Hard Times* にしか使われていないコロケーションは次のものである。

> cavernous eyes, classical eyes, trusting eyes, confiding eyes, woeful eyes, sober eyes, thinking eyes, winking eyes, searching eyes, eager eyes, practiced eyes, all eyes

このようにその作品だけにしか使用されていないコロケーションは Dickens の場合 *Hard Times* だけでなく多くの他の作品に見られる。たとえば、*Bleak House* (1851–3) では、19 世紀の小説のコーパスである NCF によると「形容詞＋ eye (s)」のコロケーションで *Bleak House* 以前には使われなかった例は下記の通りである。次の例は Dickens の他の作品でも使われていないコロケーションである。

> **eye**: ancient eye (Ch. 20), confiding eye (Ch. 39), discolored eye (Ch. 8), distrustful eye (Ch. 39), encouraging eye (Ch. 46), fresh eye (Ch. 34), over-shadowed eye (Ch. 26), sudden eye (Ch. 9), troubled eye (Ch. 62), uncommon eye (Ch. 28), venerable eye (Ch. 20)
> **eyes**: accustomed eyes (Ch. 26), choking eyes (Ch. 8), compassionate eyes (Ch. 5), envious eyes (Ch. 48), fashionable eyes (Ch. 29), grateful eyes (Ch.

67), kind eyes (Ch. 8), knowing eyes (Ch. 54), languishing eyes (Ch. 13), motherly eyes (Ch. 55), ravenous eyes (Ch. 21), spectacled eyes (Ch. 14), sprightly eyes (Ch. 43), surprised eyes (Ch. 13), too-eager eyes (Ch. 23)

これはeye(s)のコロケーションだけでなく、hand, face, headなどの肉体を表す他の語のコロケーションについても言える。下記の例は、*Bleak House* 以前には見られなかった「形容詞＋肉体を表す語」のコロケーションである.

hand: anxious hand (Ch. 46), disdainful hand (Ch. 41), gracious hand (Ch. 31), hammer-like hand (Ch. 57), unwholesome hand (Ch. 1), wary hand (Ch. 4)

hands: angry hands (Ch. 26), calm hands (Ch. 7), fluttering hands (Ch. 55), troubled hands (Ch. 38)

head: care-worn head (Ch. 15), fat head (Ch. 25), gracious head (Ch. 12), relentless head (Ch. 54), sulky jerk of his head (Ch. 57), unconscious head (Ch. 41)

heads: warded heads (Ch. 1)

face: busy face (Ch. 46), darkened face (Ch. 3), disdainful face (Ch. 30), flung-back face (Ch. 41), quick face (Ch. 6), resolute face (Ch. 44), shaded face (Ch. 48), tight face (Ch. 54), trusting face (Ch. 3), trusty face (Ch. 8), well-filled face (Ch. 56)

finger: admonitory finger (Ch. 54), well-remembered finger (Ch. 62)

fingers: so-genteel fingers (Ch. 12)

legs: martial legs (Ch. 26), rusty legs (Ch. 39), untidy legs (Ch. 38)

foot: maternal foot (Ch. 10), unaccustomed foot (Ch. 16)

breast: peaceful breast (Ch. 8), stately breast (Ch. 12)

mouth: feline mouth (Ch. 12)

eyebrows: pleasant eyebrows (Ch. 61)

forehead: sprightly forehead (Ch. 43)
chin persecuted chin (Ch. 19)

このようなコロケーションの豊かさや多様性は Dickens の言語や文体の特徴であると言える。このようなコロケーションの視点からの Dickens の文体分析に関しては Hori (2004) に詳しく論じられている。

5 コロケーションの通時的研究の今後の課題と可能性

本章では、18 世紀から 20 世紀にかけてのコロケーションの問題として、2 つのコロケーションの問題を扱ってきた。1 つは、様態副詞のコロケーションである。各時代のコロケーションの記述、個々のコロケーションの変化の記述、時代の変化においても変わらないコロケーションの記述をコロケーションの 3 つの面から、すなわち語彙的コロケーション、文法的コロケーション、意味的コロケーションから調査分析をしてきた。調査した様態副詞は、各時代の使用頻度の変化を考慮して、20 世紀にむけて増加している様態副詞の中から thoughtfully を、減少している様態副詞の中からは heartily を、その他の副詞の中から fixedly の 3 語のコロケーションを扱った。これら 3 つの様態副詞はそれぞれに特異なコロケーションの特徴を示している。様態副詞のコロケーションの問題として、他の様態副詞のコロケーションも同様のやり方で調査することによってそれぞれの様態副詞のコロケーションの通時的な特徴を知ることができる。

Lewis (2000: 137) は、"in a sense, each word has its own grammar. It is this insight—that language consists of grammaticalised lexis, not lexicalized grammar" として語にはそれぞれ独自の文法、すなわち独自の他の語との振る舞い、つまりある語の独自のコロケーションがあるとしている。これは、通時的にも言うことができる。それぞれの語には時間的には、他の語との共起関係において一貫したコロケーションと、ある方向へ向かっていくコロケーションと、変化していくコロケーションがある。本章では、様態副詞に限って調査したが、他の副詞、たとえば very のコロケーションの通時的変化（cf. 本書の第 3 章、González-Díaz, 2008）なども興味深い研究テーマである。つまり、どんな語もコロケーションの通時的研究の対象となりうる。

本章のもう 1 つのコロケーションの通時的な問題は、個人やジャンルにおける特異なコロケーションの記述である。これに関しては Dickens を例にとり、18 世紀の作家のコロケーションと比較して、明らかにコロケーションの豊かさと特異性が見られることを、「形容詞＋ eye（s）」のコロケーションの用例によって明らかにした。ある作家を中心にして他の作家との比較によるコロケーションの記述は、単にその作家の特異性を明らかにするだけでなく、通時的な表現の変化や一貫性、そして作家間の類似性に関する研究の可能性を開く。本章では「形容詞＋ eye（s）」に限定したが、様々なコロケーションのパターンで調査分析することができるであろう。

第 7 章　30 年の時間幅において観察される語義およびコロケーションの変化—『現代日本語書き言葉均衡コーパス』の予備的分析—

前川喜久雄

1　はじめに

現在、国立国語研究所では『現代日本語書き言葉均衡コーパス』の構築が進められている。このコーパス（以下では英名—Balanced Corpus of Contemporary Written Japanese—を略して BCCWJ と呼ぶ）は、日本語に関するはじめての大規模均衡コーパスであり、1 億語規模の共時的コーパスを 2011 年に公開することが目標となっている。

この稿では、現在までに構築された BCCWJ のデータを利用して、共時的コーパスにどの程度まで言語の時間変化が反映されているか、という問題を検討する。BCCWJ は現代語の共時的コーパスであるが、そこに収録されているサンプルは、BNC などと同様、一定の時間幅をもって散布している。具体的には以下にのべるように 1976 年から 2005 年までの 30 年間である。この比較的にみじかい時間幅においても、日本語には種々の変化が生じたり、進行したりしているはずであるが、BCCWJ はそれをとらえることができているだろうか、というのが本稿で検討したい問題である。コーパス全体を分析するのは将来の課題として、今回は変化が生じていそうな語にあたりをつけて、変化の有無を検討する。語義の変化を 3 例、コロケーションの変化を 2 例、それぞれ検討する。

2 BCCWJ

最初にBCCWJの構造を解説する。図1にBCCWJの内部構造を示した。BCCWJは「出版サブコーパス」「図書館サブコーパス」「非母集団サブコーパス」という3個のサブコーパス(以下ＳＣと省略)から構成されている。

出版(生産実態)SCは2001年から2005年までの5年間に出版された新聞、雑誌、書籍、約655億字分を母集団として、そこから無作為抽出された約3500万語規模のコーパスであり、書き言葉の生産実態をあらわすコーパスである。

図書館(流通実態)SCは、2006年の時点で東京都下の52自治体が開設している公共図書館のうち、13自治体以上に収納されており、ISBNが付与されている図書約32万冊(485億字分)を母集団とし、そこから無作為抽出された約3000万語規模の書籍コーパスである。ISBNが日本の出版社に定着したのが1986年なので、それ以前の書籍は対象としていない。図書館SCは、単に生産されただけでなく、ある程度まで社会に流通したことが確実な書籍のコーパスである。以上のサンプリングの詳細は丸山・秋元(2008)参照。

最後に特定目的(非母集団)SCは、出版ないし図書館SCには収録されないか、収録される確率が低いが、現代日本語を偏りなく把握するためには必須と判断されるテクスト類や、国立国語研究所が実施を予定している特定の調査研究のために必要とされるテクスト類を格納するためのmiscellaneous corpusである。前者の典型はインターネット上の書き言葉、後者の典型は検定教科書である。

現在までに非母集団SCに格納されているテクストには、諸官庁が過去30年間に発行した白書のテクストから無作為抽出したテクスト(約500万語)、インターネット掲示板「Yahoo!知恵袋」から抽出したテクスト(約500万語)、衆議院および参議院が公開している国会会議録から抽出したテクスト(約500万語)、過去30年間のベストセラーリストに載った書籍から無作為抽出したテクスト(約400万語)、シェアのたかい検定教科書から抽出したテクスト（約200万語）などがある。今後、ブログ、詩歌などのテクストも追加する予定である。

なお、このSCに格納されるテクストは、全体として1つの母集団から抽出されたものではないので「非母集団」SCと呼んでいるが、各ジャンルのなかでは、可能なかぎり無作為にサンプルを選定することにつとめており、白書とベストセラーのテクストは完全に無作為抽出されたものである。BCCWJの設計上の特徴と構築作業の現状については前川（2008a），前川・山崎（2009）、日本語コーパス開発の問題点については前川（2008b）参照。

<table>
<tr><td>出版（生産実態）サブコーパス
2001～2005年に出版された
書籍、雑誌、新聞

3500万語</td><td>図書館（流通実態）サブコーパス
東京都の13自治体以上の
図書館に収蔵されている書籍
対象期間：1986-200
3000万語</td></tr>
<tr><td colspan="2">特定目的（非母集団）サブコーパス
ウェブ上の文書、白書、教科書、国会会議録、ベストセラー等
対象期間はさまざま、最長30年。3500万語</td></tr>
</table>

図1　BCCWJの内部構造

3　データ

BCCWJを構成するSCは最短で5年間、最長で30年間という異なる時間幅をともなっているので、BCCWJの全体（現在利用できるデータの全体という意味である）を利用するのではなく、類似した時間区間からサンプルが抽出されている部分だけを分析対象とすることがのぞましい。今回は表1にしめすデータを分析対象とした。語数は後述する短単位でかぞえている。書籍全般（図書館SC）の時間幅がみじかいが、ほかは共通して1976年から2005年までの30年間にわたるデータである。

このデータを以下では単にBCCWJと呼ぶことにする。データの検索には、山口昌也氏が開発した全文検索ツール「ひまわり」（山口2007）を利用し、形態素解析が必要な場合には、国語研が千葉大学と協力して開発してい

表1　今回利用したデータ

データ（サブコーパス）	語数（概数）	時間幅
書籍全般（図書館 SC）	1,800 万語	1986 - 2005
白書（非母集団 SC）	500 万語	1976 - 2005
ベストセラー（非母集団 SC）	400 万語	1976 - 2005
国会会議録（非母集団 SC）	500 万語	1976 - 2005

る形態素解析用辞書 UniDic（伝ほか 2007）と形態素解析ソフト MeCab のくみあわせで分析を実施した。その際、GUI として、小木曽利信氏が開発した「茶まめ」を利用している（小木曽ほか 2007）。形態素解析の単位は短単位であるが、これは概略、国語辞典のみだしに該当するながさの単位である。たとえば「国立国語研究所」は「国立｜国語｜研究｜所」のように、「公害紛争処理における手続きは原則として」は「公害｜紛争｜処理｜に｜おけ｜る｜手続き｜は｜原則｜と｜し｜て」のように短単位に分析される。短単位については、小椋（2009）、小椋ほか（2008）参照。

4　新語義の発生ないし変化

30 年間に生じうる書き言葉の変化として観察しやすいものは語彙の変化である。なかでも、頻繁に観察されるのは、既存の語彙（の形態）に新しい語義がくわわったり、ふるい語義があたらしい語義にとってかわられたりする変化である。ここでは「すべからく」「こだわり」「プラットフォーム」の 3 語を検討する。

4.1　「すべからく」

漢文訓読から生じたこの語は「すべからく～べし」のような形で「当為」「当然」の意味をあらわしていたが、最近は「すべて」「おしなべて」の意味でもちいられることがすくなくない。三省堂国語辞典（第 5 版）は第一の語義として「当然（すべきことには）」、第 2 の語義として「（あやまって）すべて」をのせ、それぞれに「―奮起すべきだ」「―正直を旨としている」の例を付している。

BCCWJ には「すべからく」が 19 例、「須らく」が 2 例、「須く」が 1 例の合計 22 例が記録されていた。ジャンル別の頻度は図書館 SC が 10 例、ベストセラー SC が 8 例、国会会議録が 4 例であった。1970 年代の用例は 1 例のみ、1980 年代が 5 例、1990 年代が 10 例、2000 年代が 6 例であった。

これらの例を前後の文脈を参照して伝統的語義と新語義に分類し、その結果を西暦の年代ごとにグラフ化すると図 2 になる。図の縦軸はその年代の用例総数に占める新語義の率を百分率で示している。ここで 1970 年代の用例は 1980 年代にふくめており、以下すべて同様に処理している。1980 年代の用例はすべて伝統的語義であったが、その後急速に新語義が普及し、現在では、量的にみるかぎり新語義が主流となっていることがわかる。

ここで用例の分類についてふたつ注釈をくわえておきたい。第一に古典からの引用部分がヒットしているケースが 1980 年代と 1990 年代に 1 例ずつあった。これらは母数から除外してもよいが、今回は伝統的用例としてそのままデータにふくめてある。

第二に現代語の用例で判断にゆれが生じそうなものがあった。「～べし」にあたる現代語の表現は「～べき」になることがおおいが、それ以外の表現も頻繁に生じている。「したがって、書斎の窓はすべからく北にあるのが望

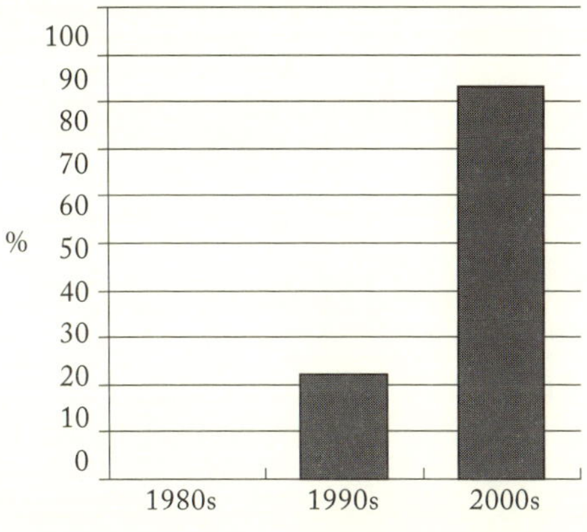

図 2　「すべからく」の新語義の出現率

ましいということになります。」「そういう点はすべからくチェックしておかなくては。」などである。これらも伝統的用法にしたがうものとしたが、最後の用例などは新語義として解釈することも不可能でない。本例にかぎらず、本稿では、解釈にゆれが生じる場合は、旧語義（伝統的用例）に分類することを原則とした。

4.2 「こだわり」

元来「些細なことにとらわれる。拘泥する」（広辞苑第5版）という意味をもっていたこの語が、近年「あくまでそれに徹しようとする積極的な意思」（渡辺 1997）を表す肯定的な意味で用いられるようになったことは周知のとおりである。「味へのこだわり」「こだわりの逸品」などの表現は、TVの情報番組においてはすでに日常的である。

BCCWJを検索するにあたっては名詞の「こだわり」だけでなく、動詞「こだわる」の各活用形も検索対象とした。全体で479例がみつかり、1980年代が76例、1990年代が231例、2000年代が172例であった。語形としては「こだわり」（すなわち名詞ないし動詞の連用形）が221例、「こだわる」（連体形ないし終止形）が158例、「こだわら」（未然形）が93例、「こだわれ」（仮定形）が4例、「こだわろ」（意志形）が6例などであった。

用例数がおおかった「こだわり」と「こだわる」および全体について、年代ごとの新語義の比率を示すと図3のようである。全体に注目すると、「すべからく」とはちがって、1980年代においても、かなりの比率で新語義がもちいられている。今回のデータで新語義がもっともはやく出現していたのは、1983年出版の馬場康夫著「見栄講座：ミーハーのための戦略と展開」にある「ウエアを買うときは、何かというと、防水性と防寒性にこだわりましょう。」という用例であった。

つぎに語形の別に注目すると、「こだわり」と「こだわる」とのあいだにおおきな違いがある。「こだわり」では全体と同様、現代に接近するほど新語義の使用率が上昇しているが、「こだわる」はそうなっていない。その原因を検討するために、図3では「こだわり」にまとめられている名詞と動詞連用形とを分離して表示したのが図4である。

この図をみると、図3の全体および「こだわり」に観察された時間軸にそっての増加傾向は、名詞の用例の増加によってひきおこされていることがわかる。動詞の用例においては、連用形においても終止・連体形においても、新語義はおよそ20%程度の出現率をたもって、おおきくは変化していない。

図4からはさらにふたつの傾向をよみとることができる。名詞における新語義の出現率は、1980年から1990年代にかけて激増したが、1990年代か

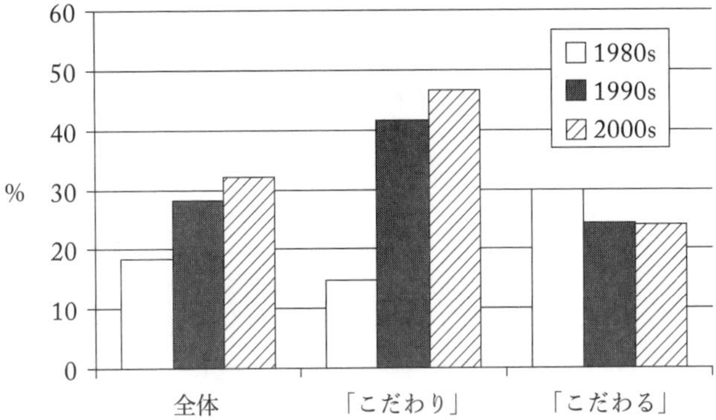

図3 「こだわり」における新語義の出現率

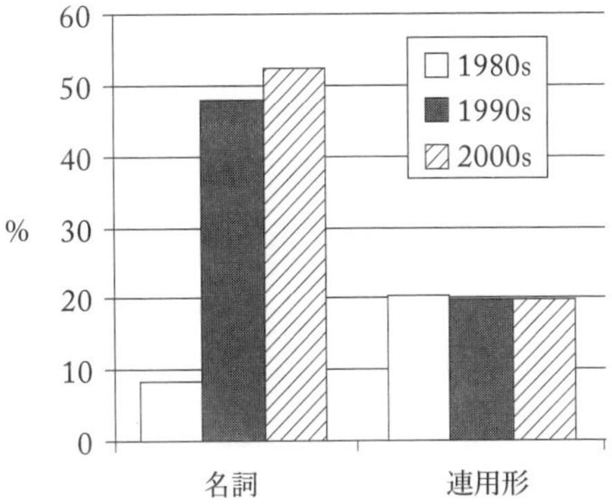

図4 「こだわり」の品詞と新語義出現率

ら2000年代にかけては微増にとどまっている。これは、現在、名詞も動詞と同様の安定期にはいりつつあることを示唆しているのかもしれない。

また図4は、新語義が1980年代においては、名詞よりもむしろ動詞において頻繁に用いられたことを示している。図5はこの問題を検討するために、時間軸を5年間隔にして、名詞と動詞の出現率を再分析したものである。最初の用例は1980年代前半に動詞の用例として生じたことは上述のとおりであるが、1980年代の後半までは、まだ動詞の方が優勢である。逆転が生じるのは1990年代に入ってからで、特に90年代後半で名詞における新語義の比率が顕著に増加したことがわかる。

4.3 「プラットホーム」

「プラットホーム」は、駅などで乗客の乗降のために一段たかくなった場所をあらわす外来語として、明治時代から使用されている。日本国語大辞典（第2版）には尾崎紅葉の「金色夜叉」（1897連載開始）における「プラットフォーム」の用例があげられている。また青空文庫には1907年に発表された木下尚江の「火の柱」に「プラットホーム」の用例がみつかる。これらについて原本にあたって用例を確認する労をいまはおしむけれども、はやい時期からふたとおりの表記が使用されていたようである。

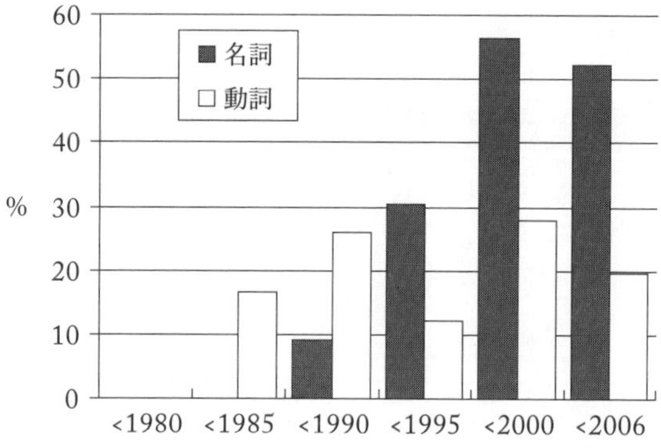

図5　新語義の「こだわり」における名詞と動詞の出現率

さて、近年この語には「なにごとかを実施するための基盤」という新語義が発生し「人事制度のプラットフォーム」「真に競争力のあるプラットフォーム」のようにもちいられている。この用法を英語辞典、英和辞典類にあたってみても、そのものズバリの語義はみあたらず、日本独自の用法である可能性がある。海底油井の掘削基地がプラットフォームとよばれ、また1970–80年代のコンピュータ業界では「IBMプラットフォーム」のような表現がさかんであったが(これらはいずれも英英辞典に記載されている)、そうした用法からの類推なのかもしれない。

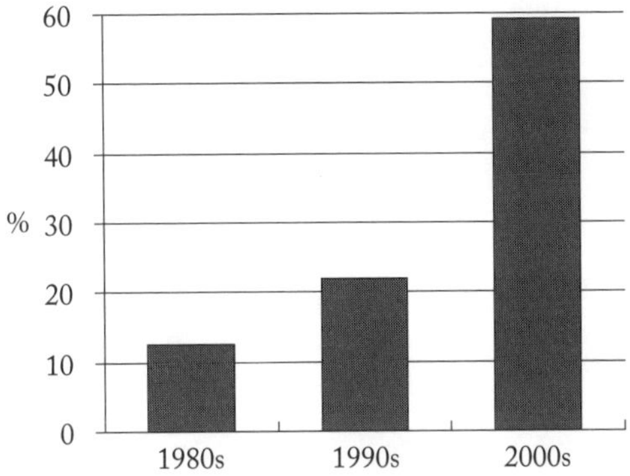

図6　「プラットホーム」の新語義の出現率

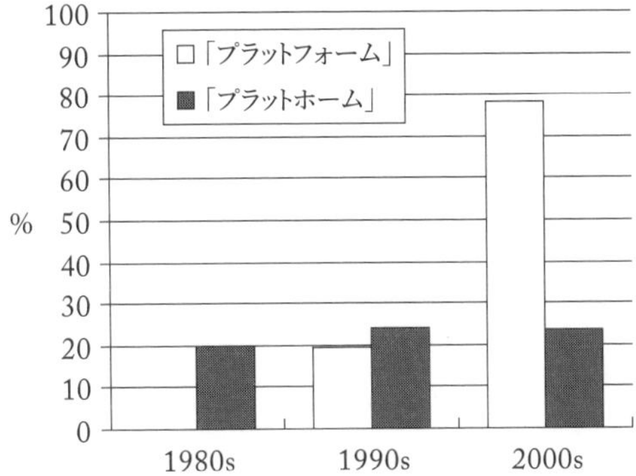

図7　「プラットホーム」と「プラットフォーム」における新語義の出現率

BCCWJには「プラットホーム」が73例、「プラットフォーム」が69例、記録されており、新語義の比率はそれぞれ23.3%、44.9%であった。両者を区別せずに年代別にしめすと図6のようである。1980年代から新語義の用例が存在するが、2000年代になって急激にその比率を上昇させている。

図7は表記別の新語義の比率の変化である。「プラットホーム」における新語義の比率はほとんど変化していないが、「プラットフォーム」においては、図6における新語義の比率上昇に同期するように新語義の比率が急増しており、現在では、表記をみれば、8割方は語義が正しく推定できる状態である。

5　コロケーション

コロケーションの規定は研究者、研究の目的によって同一でない。共起関係を2語にかぎるか3語以上に拡張するか、共起関係を調査する範囲の広狭、先行文脈と後続文脈のどちらを調査するか、対象とする語のあいだに何らかの文法関係が存在することを条件とするか単なる共起だけでよしとするか等々の基準によって、ことなる調査結果がえられる。ここでは特定の名詞があたえられたときに、その後続文脈に生起する名詞ないし動詞で、所与の名詞と何らかの文法関係におかれている語のコロケーションを検討した結果を報告する。

5.1　「自己」のコロケーション

まず「自己」をとりあげる。BCCWJには3,322例の「自己」がふくまれている。各例に後続する文脈を20字ずつきりだして、MeCabとUniDic (Version 1.3.9)で形態素解析すると、42,675短単位をえる。そこから品詞が「動詞—一般」「動詞—非自立可能」「名詞—普通名詞—一般」「名詞—普通名詞—サ変可能」「名詞—普通名詞—形状詞可能」「名詞—普通名詞—サ変形状詞可能」のいずれかであるものを選択すると17,502語をえる。

そこには異なりで3,663個の短単位がふくまれている。形式名詞(「こと」

「もの」)、形式動詞や補助動詞(「する」「ある」「いる」「いく」)、さらに本動詞のなかから、ほとんどの場合に複合助詞の一部としてもちいられているもの(「拠る」「就く」)と形式性が高いとみなされるもの(「持つ」「有る」「居る」「言う」「成る」「出来る」「見る」)を除外したうえで各語の頻度を計算し、頻度 50 以上の語をひろうと、以下の 27 語からなるリストをえる。括弧内は頻度である。下線の語には名詞としての用法しか存在しないが、アスタリスクの語には名詞とサ変動詞としての用法がある。

<u>資本</u>(179)　<u>責任</u>(120)　<u>株式</u>(111)　*取得(111)　*評価(97)　*決定(96)
*実現(87)　*主張(84)　*紹介(84)　*負担(84)　<u>資金</u>(80)　<u>自分</u>(80)　<u>人</u>(76)
*表現(75)　*意識(66)　<u>比率</u>(66)　*管理(63)　*顕示(60)　*満足(59)
来る(59)　行う(56)　<u>欲</u>(54)　<u>能力</u>(53)　*愛(52)　考える(51)
対する(50)　<u>中心</u>(50)

つぎにこれらの語のすべての用例を視察して、これらの語と「自己」とが直接修飾関係にある用例だけを抽出した。具体的には以下の作業をおこなった。下線の語の場合は「自己資本」「自己中心」のように「自己」と当該名詞が直接に複合名詞を形成しているか、「自己の資本」「自己が中心」のように助詞をへだてて隣接しており、意味的に限定—被限定の関係におかれているかしている例を抽出した[1]。アスタリスクの語の場合は「自己意識」「自己決定」のような複合名詞と、「自己を意識」のような補語・述語関係におかれているものを抽出した。最後に「対する」など動詞としての用法しかない語の場合は、「自己に対して」のように補語・述語関係におかれている例を抽出した。

なお、「自己株式取得」のように中間に 1 語を介しての複合語は除外したが、「自己決定権」「自己責任意識」のように対象となる 2 語の直後に名詞や接辞をともなう複合語は抽出対象にふくめた。

以上の抽出作業をおこなうと、「取得」「自分」「人」「比率」「来る」「行う」「欲」「能力」「考える」「対する」は抽出された用例数が極端に少なくなる(10

例以下）ので対象から除外した。のこる17語とその頻度は以下のとおりである。

資本（162）　責任（110）　株式（98）　*評価（67）　*決定（77）　*実現（87）
*主張（84）　*紹介（83）　*負担（72）　資金（52）　*表現（59）　*意識（35）
*管理（49）　*顕示（60）　*満足（50）　*愛（42）　中心（43）

最後に上記17語の用例を年代別に集計し、各年代における「自己」の総用例数（1980年代573例、1990年代1710例、2000年代1039例）にしめる各語の出現率を計算したうえで、(1) 1980年代から2000年代にかけて出現率が単調に増加／減少していること、(2) 30年間で出現率に1%以上の変化が生じていることの2条件をみたす語を抽出したところ、「決定」「実現」「紹介」「表現」「管理」「満足」「愛」「責任」の8語が抽出された。

図8にこの8語の出現率の変化をしめす。図からわかるように、8語はすべて増加傾向をしめしている。もう1つ興味ぶかいのは、この8語には、意味上の共通性がある程度みとめられる点である。たとえば、これらの語には「自己」の否定的評価をともなう語 ―「嫌悪」「否定」「卑下」「批判」「否定」など― がふくまれていない。また2000年代において出現率3%をこえる上位5語は「決定」「責任」「実現」「管理」「紹介」であるが、これらは「個人のつよさ」あるいは「独立した個人」などのキーワードで一括できそうなポジティブな意味特性を共有している。

1980年代の用例に占めるこれら5語の比率はわずか5.2%であったが、1990年代には14.3%まで増加し、2000年代には19.2%をしめるにいたっている。参考までに、さきに否定的評価をともなう語の例としてあげた「嫌悪」「否定」「卑下」「批判」「否定」全体の年代別出現率を計算して、2000年代における上位5語全体と比較したのが図9である。1980年代においては、2000年代における上位5語よりも優勢であった否定的5語の出現率はその後単調に下降しつづけ、2000年代ではわずかに2.5%をしめるにすぎない。上位5語とは実に8倍にちかい差がひらいている。「自己」という語のコロ

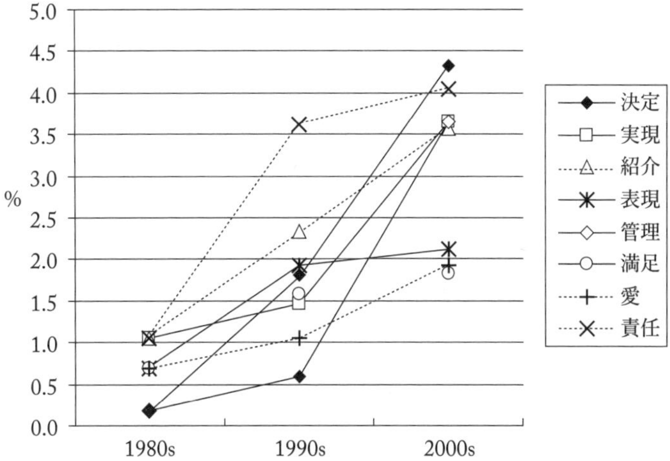

図 8　「自己」の後続文脈における高頻度語の出現率

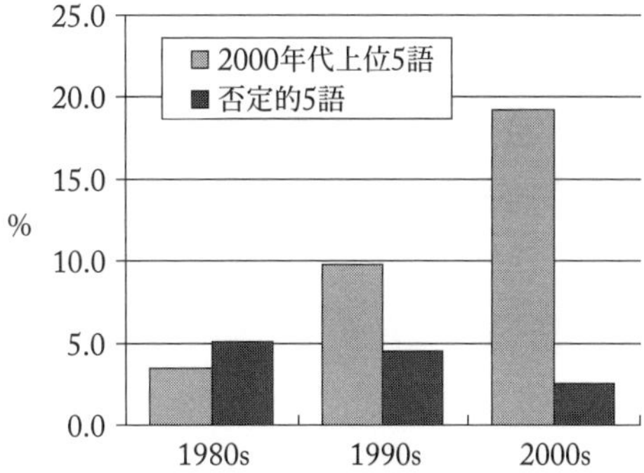

図 9　2000 年代における上位 5 語と否定的評価をともなう 5 語の出現率の比較

ケーションには過去 30 年間に顕著な変化があったと結論できるし、それは過去 30 年間の世相を反映したものであるとおもわれる。

5.2　「意識」のコロケーション

同じ手法で「意識」のコロケーションも分析してみた。BCCWJ には 5,517 例の「意識」がふくまれていた。後続文脈の形態素解析の結果、72,589 短単位がえられ、品詞の制約をくわえると4,259語(異なりで4,219語)をえた。そこから形式名詞類(「こと」「もの」「わけ」)、形式動詞ないし補助動詞(「する」「いる」「ある」「いく」「しまう」)、複合助詞の一部となる動詞と名詞(「就く」、「関する」「於く」「対する」「言う」「共」)、形式的用法が多い動詞(「なる」「とる」「出来る」)を除外したうえで頻度を計算し、頻度40以上の語をひろうと、以下の32語のリストをえた。括弧のなかは頻度であり、下線とアスタリスクの意味は「意識」の場合と同様である。

*調査(307)　持つ(265)　見る(205)　来る(196)　*変化(143)　*高揚(131)
自分(113)　問題(94)　社会(83)　*生活(72)　*改革(69)　*向上(69)
図る(68)　失う(66)　*行動(62)　世界(60)　*活動(52)　*存在(51)　行う(49)
*啓発(45)　国民(45)　*関係(44)　高める(44)　国(43)　*心(43)　世論(42)
得る(42)　状態(41)　感ずる(40)　実態(40)　知れる(40)　分かる(40)

これらの語のすべての用例を視察して、これらの語と「自己」とが直接修飾関係にある用例だけを抽出し、用例数が10例以下のものを除外すると、以下の17語がのこった。

調査(259)　持つ(196)　見る(44)　変化(113)　高揚(126)　問題(26)
改革(57)　向上(48)　失う(62)　行動(27)　世界(17)　存在(12)　啓発(34)
高める(36)　世論(32)　感ずる(14)　実態(32)

最後に上記17語の用例を年代別に集計し、各年代における「自己」の総用例数(1980年代1,145例、1990年代1,570例、2000年代2,802例)にしめる各語の出現率を計算したうえで、(1)1980年代から2000年代にかけて出現率が単調に増加/減少していること、(2)30年間で出現率に1%以上の変化が生じていることの2条件をみたす語を抽出したところ、「調査」「見る」「変化」「高揚」「改革」「世論」の6語が抽出された。

図10に上記6語の出現率の変化をしめす。今回は6語のうち5語までが

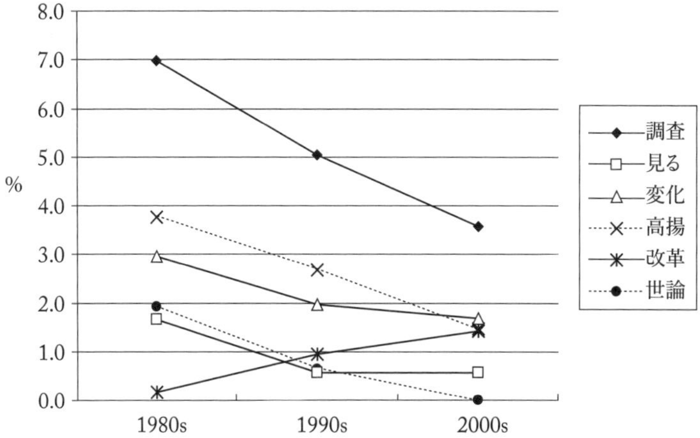

図 10　「意識」の後続文脈における高頻度語の出現率

減少傾向をしめしており、増加傾向をしめしているのは「改革」1 語だけである。「自己」にくらべると顕著さにかけるが、「意識」のコロケーションにも変化が生じている。この増減パタンの意味をよみとることは容易でないが、唯一上昇傾向をみせた「改革」に「自己」の上位 5 語に通じるポジティブな意味がみとめられることには注目してよいだろう。

6　まとめと今後の課題

この小稿では共時的コーパスのなかに記録された言語の時間変化の様相を検討した。もとより事例報告にとどまるものではあるが、語義についても、またコロケーションについても、30 年程度の時間幅があれば、相当に顕著な変化が生じることを確認できた。

今後は本稿に報告したような語義ないしコロケーションの変化がコーパス全体のなかにどの程度存在しているかを推測したいとかんがえているが、その方法については、まだ成案をえていない。

謝辞：本書への寄稿をおすすめいただいた畏友堀正広教授に感謝します。

宮島達夫氏からは本稿の草稿に貴重なコメントをいただきました。記して感謝します。

注

1 「自己資本」「自己中心」などは形態論的には複合語であるから、コロケーションの研究対象から除外すべきかもしれない。コロケーションは語と語の習慣的結合関係と定義されるからである。しかし日本語では「成田空港建設反対連絡協議会」がひとつの複合語であるように、複合語と句の関係がかならずしも明確でないと考えて、これらも分析対象にくわえることにした。この判断の適否については、今度別途検討したいと考えている。

参考文献

Adamson, Sylvia. (1998) The Code as Context: Language-Change and (Mis)interpretation. Kirsten Malmkjær and John Williams (eds.) *Context in Language Learning and Language Understanding*, pp. 137–168. Cambridge: Cambridge University Press.

Adamson, Sylvia. (2000) A Lovely Little Example: Word Order Options and Category Shift in the Premodifying String. Olga Fischer, Anette Rosenbach and Dieter Stein (eds.) *Pathways of Change: Grammaticalization in English*, pp. 39–66. Amsterdam: John Benjamins.

Adolph, Robert. (1968) *The Rise of Modern Prose Style*. Cambridge: MIT Press.

Adolphs, Svenja and Ronald Carter. (2002) Point of View and Semantic Prosodies in Virginia Woolf's *To the Lighthouse*. *Poetica* 58: 7–20.

Aijmer, Karin and Anna-Brita Stenström. (eds.) (2004) *Discourse Patterns in Spoken and Written Corpora*. Amsterdam: John Benjamins.

秋元実治編（1994）『コロケーションとイディオム—その形成と発達—』英潮社.

Akimoto, Minoji. (1995) Grammaticalization and Idiomatization. *LACUS* 21: 583–591.

秋元実治（2001）「文法化とは」秋元実治編（2001）『文法化—研究と課題—』pp.1–25. 英潮社.

秋元実治（2002）『文法化とイディオム化』ひつじ書房.

秋元実治（2004）「文法化」秋元実治他『コーパスに基づく言語研究—文法化を中心に』pp.1–38. ひつじ書房.

秋元実治（2005）「文法化と意味変化」秋元実治・保坂道雄編『文法化—新たな展開—』pp.27–58. 英潮社.

秋元実治・尾形こづえ・遠藤光暁・近藤泰弘・Elizabeth C. Traugott (2004)『コーパスに基づく言語研究―文法化を中心に』ひつじ書房.

秋元実治・保坂道雄 (2005)「文法化研究の最近の流れ」秋元実治・保坂道雄編『文法化―新たな展開―』pp.1–26. 英潮社.

Alexander, Peter. (1978 [1951]) *William Shakespeare: The Complete Works*. London and Glasgow: Collins.

Allen, Water. (1958) *The English Novel.* Harmondsworth: Penguin Books.

Altenberg, Bengt. (1991) Amplifier Collocation in Spoken English. Stig Johansson and Anna-Brita Stenstöm (eds.) *English Computer Corpora: Selected Papers and Research*, pp. 127–147. Berlin: Mouton de Gruyter.

新井洋一 (1995)「OED 第 2 版 CD-ROM 版の言語コーパス的利用の諸問題」『英語英米文学』35: 317–338. 中央大学英米文学会.

新井洋一 (1996)「近代英語における『従事』の意味を表す構造文の諸相」『英語コーパス研究』3: 1–26.

荒木一雄・安井稔編 (1992)『現代英文法辞典』三省堂.

Bäcklund, Ulf. (1973) *The Collocation of Adverbs of Degree in English*. Uppsala: Uppsala University.

Barnard, John, Derek Brewer, Lou Burnard, Howard Erskine-Hill, Daniel Karlin and Michael Sperberg-McQueen. (eds.) (1995) *English Poetry Full-Text Database*. Cambridge: Chadwyck-Healey Ltd.

Barth-Weingarten, Dagmar and Elizabeth Couper-Kuhlen. (2002) On the Development of Final *Though*: A Case of Grammaticalization? Ilse Wischer and Gabriele Diewald (eds.) *New Reflections on Grammaticalization: Proceedings from the International Symposium on Grammaticalization, 17–19 June 1999, Potsdam, Germany*, pp. 363–378. Amsterdam: John Benjamins.

Bauer, Laurie. (1983) *English Word-Formation*. Cambridge: Cambridge University Press.

Bauer, Laurie and Winfred Bauer. (2002) Adjective Boosters in the English of Young New Zealanders. *Journal of English Linguistics* 30 (3): 244–257.

Behre, Frank. (1973) *Get, Come and Go: Some Aspects of Situational Grammar: A Study Based on a Corpus Drawn from Agatha Christie's Writings*. Stockholm: Almqvist & Wiksell.

Biber, Douglas, Susan Conrad and Randi Reppen. (1998) *Corpus Linguistics: Investigating Language Structure and Use*. Cambridge: Cambridge University Press.

Biber, Douglas, Stig Johansson, Geoffrey Leech, Susan Conrad and Edward Finegan. (1999) *Longman Grammar of Spoken and Written English*. Harlow: Pearson Education.

Blake, Norman F. (1992) Why and What in Shakespeare. Toshiyuki Takamiya and Richard Beadle (eds.) *Chaucer to Shakespeare: Essays in Honour of Shinsuke Ando*, pp. 179–193. Cambridge: D. S. Brewer.

Blake, Norman F. (1992–3) Shakespeare and Discourse. *Stylistica*, 2/3: 126–133.

Blake, Norman F. (2002) *A Grammar of Shakespeare's Language*. Basingstoke: Palgrave.

Blake, Norman F. (2004) *Shakespeare's Non-Standard English: A Dictionary of His Informal Language*. London: Thoemmes Continuum.

Bolinger, Dwight L. (1972) *Degree Words*. The Hague: Mouton.

Borst, Eugen. (1902) *Die Gradadverbien im Englischen*. Heidelberg: Carl Winter.

Brinton, Laurel J. (1990a) The Development of Discourse Markers in English. Jacek Fisiak (ed.) *Historical Linguistics*, pp. 31–53. Amsterdam: John Benjamins.

Brinton, Laurel J. (1990b) The Stylistic Function of ME *Gan* Reconsidered. Sylvia M. Adamson, Vivien A. Law, Nigel Vincent and Susan Wright (eds.) *Papers from the 5th International Conference on English Historical Linguistics*, pp. 31–53. Amsterdam: John Benjamins.

Brinton, Laurel J. (1995) Pragmatic Markers in a Diachronic Perspective. *BLS* 21: 377–388.

Brinton, Laurel J. (1996) *Pragmatic Markers in English: Grammaticalization and*

Discourse Functions. Berlin: Mouton de Gruyter.

Brinton, Laurel J. (2001) Historical Discourse Analysis. Deborah S. Schiffrin, Deborah Tannen and Heidi E. Hamilton (eds.) *The Handbook of Discourse Analysis*, pp. 138–160. Oxford: Blackwell.

Brinton, Laurel J. (2006) Pathways in the Development of Pragmatic Markers in English. Ans van Kemenade and Bettelou Los (eds.) *The Handbook of the History of English*, pp. 307–334. Oxford: Blackwell.

Brinton, Laurel J. and Minoji Akimoto. (eds.) (1999) *Collocational and Idiomatic Aspects of Composite Predicates in the History of English*. Amsterdam: John Benjamins.

Buchstaller, Isabelle and Elizabeth C. Traugott. (2006) *The Lady Was Al Demonyak*: Historical Aspects of Adverb *All*. *English Language and Linguistics* 10 (2): 345–370.

Burnley, David. (1983) *A Guide to Chaucer's Language*. Norman: University of Oklahoma Press.

Burrow, John A. (1990) Chaucer, Geoffrey. A. C. Hamilton (gen. ed.) *The Spenser Encyclopedia*, pp. 144–148. Toronto: University of Toronto Press.

Burton, Deidre. (1980) *Dialogue and Discourse: A Sociolinguistic Approach to Modern Drama Dialogue and Naturally Occurring Conversation*. London: Routledge & Kegan Paul.

Burton, Dolores S. (1973) *Shakespeare's Grammatical Style: A Computer-Assisted Analysis of* Richard II *and* Antony and Cleopatra. Austin: University of Texas Press.

Busse, Ulrich. (2000) *The Function of Linguistic Variation in the Shakespeare Corpus: A Study of the Morpho-Syntactic Variability of the Address Pronouns and Their Sociohistorical and Pragmatic Implications*. Habilitationsschrift, Universität Osnabrück.

Busse, Ulrich. (2002) *Linguistic Variation in the Shakespeare Corpus*. Amsterdam: John Benjamins.

Bybee, Joan. (2003) Mechanisms of Change in Grammaticization: The Role of Frequency. Brian D. Joseph and Richard D. Janda (eds.) *The Handbook of Historical Linguistics*, pp. 602–623. Oxford: Blackwell.

Bybee, Joan and Paul Hopper. (eds.) (2001) *Frequency and the Emergence of Linguistic Structure*. Amsterdam: John Benjamins.

Carter, Ronald. (1998) *Vocabulary*. London: Routledge.

Carter, Ronald and Michael McCarthy. (2006) *Cambridge Grammar of English: A Comprehensive Guide: Spoken and Written English Grammar and Usage*. Cambridge: Cambridge University Press.

Clark, William George, John Glover and William Aldis Wright. (eds.) (1863–6) *The Works of William Shakespeare*. Cambridge/London: Macmillan and Co. [Included in EAS]

Coulthard, Malcolm. (1985) The Analysis of Literary Discourse. *An Introduction to Discourse Analysis*. Second edition, pp. 179–192. London: Longman.

Cruse, D. A. (1986) *Lexical Semantics*. Cambridge: Cambridge University Press.

Crystal, David. (2003) *A Dictionary of Linguistics and Phonetics*. Fifth edition. Oxford: Blackwell.

Culpeper, Jonathan. (2001) *Language and Characterisation: People in Plays and Other Texts*. Harlow: Pearson Education.

Daunt, Marjorie. (1966) Some Modes of Anglo-Saxon Meaning. Charles E. Bazell, John C. Catford, M. A. K. Halliday and Robert H. Robins (eds.) *In Memory of J. R. Firth*, pp. 66–78. London: Longman.

伝康晴・小木曽智信・小椋秀樹・山田篤・峯松信明・内元清貴・小磯花絵 (2008)「コーパス日本語学のための言語資源─形態素解析用電子化辞書の開発とその応用─」『日本語科学』22: 101–123.

Dixon, R. M. W. (2005) *A Semantic Approach to English Grammar*. Second edition. New York: Oxford University Press.

Drabble, Margaret. (2000) *The Oxford Companion to English Literature*. Sixth edition. Oxford: Oxford University Press.

[EAS] *Editions and Adaptations of Shakespeare*: CD-ROM Edition. (1995) Cambridge: Chadwyck-Healey Ltd.

Enkvist, Nils E. (1964) On Defining Style. John Spencer (ed.) *Linguistics and Style*, pp. 1–56. Oxford: Oxford University Press.

Enkvist, Nils E. (1973) *Linguistic Stylistics*. Berlin: Mouton.

Fettig, Adolf. (1934) *Die Gradadverbien im Mittelenglischen*. Heidelberg: Carl Winter.

[F1] *The First Folio of Shakespeare: The Norton Facsimile*. Prepared by Charlton Hinman. (1968) London and New York: Paul Hamlyn.

Finell, Anne. (1989) *Well* Now and Then. *Journal of Pragmatics* 13 (4): 653–656.

Firth, John R. (1957) Modes of Meaning. *Papers in Linguistics, 1934–51*, pp. 191–215. London: Oxford University Press. ［大東百合子訳（1978）『ファース言語論集（I）1934–51』研究社.］

Firth, John R. (1968) A Synopsis of Linguistic Theory, 1930–55. *Selected Papers of J. R. Firth, 1952–59*, pp. 168–205. London: Longmans.

Fischer, Olga and Anette Rosenbach. (2000) Introduction. Olga Fischer, Anette Rosenbach and Dieter Stein (eds.) *Pathways of Change: Grammaticalization in English*, pp. 1–37. Amsterdam: John Benjamins.

Fitzmaurice, James. (1995) The Language of Gender and a Textual Problem in Aphra Behn's *The Rover*. *Neuphilologische Mitteilungen* 96 (3): 283–293.

Foley, Joseph A. (ed.) (1966) *J. M. Sinclair on Lexis and Lexicography*. Singapore: UniPress.

Fraser, Bruce. (1990) An Approach to Discourse Markers. *Journal of Pragmatics* 14 (3): 383–395.

Fraser, Bruce. (1996) Pragmatic Markers. *Pragmatics* 6 (2): 167–190.

Fries, Udo. (1994) Text Deixis in Early Modern English. Dieter Kastovsky (ed.) *Studies in Early Modern English*, pp. 111–128. Berlin: Mouton de Gruyter.

Fuami, Shigenobu.（1995）*Well* as a Discourse Marker in *The Merry Wives of Windsor*.『大谷女子大学英語英文学研究』22: 23–47. 大谷女子大学英

文学会.

Fuami, Shigenobu. (1997) *Essays on Shakespeare's Language: Language, Discourse and Text*. あぽろん社.

Fuami, Shigenobu. (2004) *Well* as a Discourse Marker in *The Taming of the Shrew*: A Preliminary Sketch. Osamu Imahayashi and Hiroji Fukumoto (eds.) *English Philology and Stylistics: A Festschrift for Professor Toshiro Tanaka*, pp. 93–102. 渓水社.

浮網茂信(2009)「Shakespeareの*well*—テクストの言語と読みをめぐって」『大阪大谷大学英語英文学研究』36: 59–78. 大阪大谷大学英文学会.

Fuami, Shigenobu. (forthcoming) *Well* as a Discourse Marker in *Romeo and Juliet*.

Fujii, Takeo. (1965) Verb-Adverb Combination in Shakespeare's Language—An Approach to the Interpretations of Shakespeare's Language and Expressions—. *Anglica* 5 (5): 54–91.

福元広二(2006)「初期近代英語期における談話標識の文法化について」日本英文学会中国四国支部第59回大会シンポジウム『文学テクストと文法化の諸問題—話し手と聞き手のコミュニケーション』口頭発表(於安田女子大学).

Fukumoto, Hiroji. (2008) Pronominal Variation in Imperatives in Early Modern English. Paper presented at PALA, Sheffield University, 24 July.

Gerson, Stanley. (1989) From ... To ... as an Intensifying Collocation. *English Studies* 70 (4): 360–371.

González-Díaz, Victorina. (2008) Recent Developments in English Intensifiers: The Case of *Very Much*. *English Language and Linguistics* 12 (2): 221–243.

Greenbaum, Sidney. (1969) *Studies in English Adverbial Usage*. London: Longman.

Greenbaum, Sidney. (1970) *Verb-Intensifier Collocation in English: An Experimental Approach*. The Hague: Mouton.

Greenbaum, Sidney. (1974) Some Verb-Intensifier Collocations in American and British English. *American Speech* 49 (1/2): 79–89.

Greenlaw, Edwin, Charles G. Osgood and Frederick M. Padelford. (eds.) (1934) *The Works of Edmund Spenser: A Variorum Edition.* Vol. 7. Baltimore: The Johns Hopkins Press.

Halliday, M. A. K. (1966) Lexis as a Linguistic Level. Charles E. Bazell, John C. Catford, M. A. K. Halliday and Robert H. Robins (eds.) *In Memory of J. R. Firth*, pp. 148–162. London: Longman.

Halliday. M. A. K. and Ruqaiya Hasan. (1976) *Cohesion in English.* London: Longman.

Hamilton, A. C. (ed.) (2007) *Edmund Spenser The Faerie Queene.* Revised second edition. Hawlow: Pearson Longman.

Hansen, Maj-Britt M. and Corinne Rossari. (2005) The Evolution of Pragmatic Markers: Introduction. *Journal of Historical Pragmatics* 6 (2): 177–187.

Harris, Zellig S. (1952) Discourse Analysis. *Language* 28 (1): 1–30.

Heine, Bernd. (2003) Grammaticalization. Brian D. Joseph and Richard D. Janda (eds.) *The Handbook of Historical Linguistics*, pp. 575–601. Oxford: Blackwell.

Heine, Bernd, Ulrike Claudi and Friederike Hünnemeyer. (1991) *Grammaticalization: A Conceptual Framework.* Chicago: University of Chicago Press.

Herbst, Thomas. (1996) What Are Collocations: Sandy Beaches or False Teeth? *English Studies* 77 (4): 379–393.

Heuer, Hermann. (1932) *Studien zur syntaktischen und stilistischen Funktion des Adverbs bei Chaucer und im Roseroman.* Heidelberg: Carl Winter.

Hill, Douglas. (1980) *The Illustrated Faerie Queene: A Modern Prose Adaptation.* New York: Newsweek Books.

Hines, Carol P. (1978) Well, ... *LACUS* 4: 308–318.

Hines, Carol P. (1979) Lexical Integrity: *Good*, *Great*, and *Well. LACUS* 5: 134–141.

Hoey, Michael. (2000) A World Beyond Collocation: New Perspectives on Vocabulary Teaching. Michael Lewis (ed.) *Teaching Collocation: Further*

Developments in the Lexical Approach, pp. 224–243. Hove: Language Teaching Publications.

Hoey, Michael. (2005) *Lexical Priming: A New Theory of Words and Language*. London: Routledge.

Hopper, Paul J. (1991) On Some Principles of Grammaticization. Elizabth C. Traugott and Bernd Heine (eds.) *Approaches to Grammaticalization.* Vol. 1, pp. 17–35. Amsterdam: John Benjamins.

Hopper, Paul J. and Elizabeth C. Traugott. (1993, 2003) *Grammaticalization*. Cambridge: Cambridge University Press.

Hori, Masahiro.（1993）Some Collocations of the Word 'Eye' in Dickens: A Preliminary Sketch.『近代英語研究』編集委員会編『近代英語の諸相—近代英語協会 10 周年記念論集』pp. 509–527. 英潮社.

Hori, Masahiro.（1999）Collocational Patterns of Intensive Adverbs in Dickens: A Tentative Approach.『英語コーパス研究』6: 51–65.

Hori, Masahiro. (2002) Collocational Patterns of *-ly* Manner Adverbs in Dickens. Toshio Saito, Junsaku Nakamura and Shunji Yamazaki (eds.) *English Corpus Linguistics in Japan*, pp. 149–163. Amsterdam: Rodopi.

Hori, Masahiro. (2004) *Investigating Dickens' Style: A Collocational Analysis*. Basingstoke: Palgrave Macmillan.

堀正広 (2009)『英語コロケーション研究入門』研究社.

Hunston, Susan. (1995) A Corpus Study of Some English Verbs of Attribution. *Functions of Language*, 2 (2): 133–158.

Hunston, Susan. (2001) Colligation, Lexis, Pattern, and Text. Michael Scott and Geoff Thompson (eds.) *Patterns of Text: In Honour of Michael Hoey*, pp. 13–33. Amsterdam: John Benjamins.

Hunston, Susan. (2002) *Corpora in Applied Linguistics*. Cambridge: Cambridge University Press.

Hunston, Susan and Gill Francis. (1999) *Pattern Grammar: A Corpus-Driven Approach to the Lexical Grammar of English*. Amsterdam: John Benjamins.

Hunston, Susan and Geoff Thompson. (eds.) (2000) *Evaluation in Text: Authorial Stance and the Construction of Discourse*. Oxford: Oxford University Press.

今林修（2006）「19 世紀における look および pray の文法化の社会言語学的考察」日本英文学会中国四国支部第 59 回大会シンポジウム『文学テクストと文法化の諸問題―話し手と聞き手のコミュニケーション』口頭発表（於安田女子大学）.

Imahayashi, Osamu. (2007) A Corpus-Based Sociolinguistic Study on the Use of *Look*-forms in the 19th Century. Paper presented at PALA 2007, Kansai Gaidai University, 2 August. 〈www.pala.ac.uk/resources/proceedings/2007/imahayashi2007.pdf〉 2008.12.14.

Ito, Hiroyuki. (1993) Some Collocations of Adverbs in Richardson's *Clarissa Harlowe*.『近代英語研究』編集委員会編『近代英語の諸相―近代英語協会 10 周年記念論集』pp. 528–547. 英潮社.

Ito, Rika and Sali A. Tagliamonte. (2003) *Well Weird, Right Dodgy, Very Strange, Really Cool*: Layering and Recycling in English Intensifiers. *Language in Society* 32 (2): 257–279.

James, Deborah. (1978) The Use of Oh, Ah, Say, and Well in Relation to a Number of Grammatical Phenomena. *Papers in Linguistics* 11 (3/4): 517–535.

Joseph, John E. (2002) Rethinking Linguistic Creativity. Hayley G. Davis and Talbot J. Taylor (eds.) *Rethinking Linguistics*, pp. 121–150. London: Routledge Curzon.

Jucker, Andreas H. (ed.) (1995) *Historical Pragmatics: Pragmatic Developments in the History of English*. Amsterdam: John Benjamins.

Jucker, Andreas H. (1997) The Discourse Marker *Well* in the History of English. *English Language and Linguistics* 1 (1): 91–110.

Jucker, Andreas H. (2002) Discourse Markers in Early Modern English. Richard Watts and Peter Trudgill (eds.) *Alternative Histories of English*, pp. 210–230. London: Routledge.

Jucker, Andreas H. (2008) *Historical Pragmatics: A Bibliography*.

〈http://es-jucker.uzh.ch/HistPrag.htm〉 Updated: August 20, 2008.

Jucker, Andreas H., Gerd Fritz and Franz Lebsanft. (eds.) (1999) *Historical Dialogue Analysis*. Amsterdam: John Benjamins.

Jucker, Andreas H. and Yael Ziv. (1998) Discourse Markers: Introduction. Andreas H. Jucker and Yael Ziv (eds.) *Discourse Markers: Descriptions and Theory*, pp. 1–12. Amsterdam: John Benjamins.

勝俣銓吉郎編 (1958)『新英和活用大辞典』研究社.

河上誓作編 (1996)『認知言語学の基礎』研究社.

Kirchner, Gustav. (1955) *Gradadverbien: Restriktiva und Verwandtes im heutigen Englisch*. Halle: Niemeyer.

Kjellmer, Göran (1994) *A Dictionary of English Collocations: Based on the Brown Corpus*, 3 vols. Oxford: Clarendon Press.

Kosako, Masaru. (1995) Some Historical Observations on Collocation of Noun plus Adjective in Rhyme Position of *The Faerie Queene*.『研究集録』100: 197–221. 岡山大学大学院教育学研究科.

小迫勝 (2008)「文学テクストの言語と読みを問う」『日本英文学会第 80 回大会 Proceedings』pp.179–181.

Kytö, Merja. (1996) *Manual to the Diachronic Part of the Helsinki Corpus of English Texts: Coding Conventions and Lists of Source Texts.* Third edition. Helsinki: Department of English, University of Helsinki. 〈http://khnt.hit.uib.no/icame/manuals/HC/INDEX.HTM〉 2009.01.11.

Kytö, Merja and Matti Rissanen. (1997) Language analysis and diachronic corpora. Raymond Hickey, Merja Kytö, Ian Lancashire and Matti Rissanen (eds.) *Tracing the Trail of Time: Proceedings from the 2nd Diachronic Corpora Workshop*, pp. 9–22. Amsterdam: Rodopi.

Lakoff, Robin. (1973) Questionable Answers and Answerable Questions. Braj B. Kachru, Robert B. Lees, Yakov Malkiel, Angelina Pietrangeli and Sol Saporta (eds.) *Issues in Linguistics: Papers in Linguistics in Honor of Henry and Renée Kahane,* pp. 453–467. Urbana: University of Illinois Press.

Leech, Geoffrey. (1969) *A Linguistic Guide to English Poetry*. London: Longman.

Leech, Geoffrey, Paul Rayson and Andrew Wilson. (2001) *Word Frequencies in Written and Spoken English: Based on the British National Corpus*. London: Longman.

Leech, Geoffrey and Mick Short. (2007) *Style in Fiction: A Linguistic Introduction to English Fictional Prose.* Second edition. Harlow: Pearson Longman.

Leisi, Ernst. (1985) *Praxis der englischen Semantik*. Heidelberg: Carl Winter Universitätsverlag.

Lenker, Ursula. (2008) Booster Prefixes in Old English—An Alternative View of the Roots of ME *Forsooth*. *English Language and Linguistics* 12 (2): 245–265.

Lewis, Michael. (2000) *Teaching Collocation*. Hove: Language Teaching Publications.

Lorenz, Gunter R. (1994) *Adjective Intensification—Learner versus Native Speakers*. Amsterdam: Rodopi.

Lorenz, Gunter R. (2002) *Really Worthwhile* or *Not Really Significant*? A Corpus-Based Approach to the Delexicalization and Grammaticalization of Intensifiers in Modern English. Ilse Wischer and Gabriele Diewald (eds.) *New Reflections on Grammaticalization*, pp. 143–161. Amsterdam: John Benjamins.

Louw, Bill. (1993) Irony in the Text or Insincerity in the Writer? The Diagnostic Potential of Semantic Prosodies. Mona Baker, Gill Francis and Elena Tognini-Bonelli (eds.) *Text and Technology: In Honour of John Sinclair*, pp. 157–176. Amsterdam: John Benjamins.

Macaulay, Ronald. (2002) Extremely Interesting, Very Interesting, or Only Quite Interesting? Adverbs and Social Class. *Journal of Sociolinguistics* 6 (3): 398–417.

Mackin, Ronald. (1978) On Collocations: Words Shall Be Known by the Company They Keep. Peter Strevens (ed.) *In Honour of A. S. Hornby*, pp. 149–

165. Oxford: Oxford University Press.

前川喜久雄(2008a)「KOTONOHA『現代日本語書き言葉均衡コーパス』の開発」『日本語の研究』4(1):82–95.

前川喜久雄(2008b)「日本語コーパス開発の現状と展望」『英語コーパス研究』15: 3–16.

前川喜久雄・山崎誠(2009)「『現代日本語書き言葉均衡コーパス』」『国文学解釈と鑑賞』74(1):15–25.

Malone, Edmond and James Boswell. (eds.) *The Plays and Poems of William Shakespeare, with the Corrections and Illustrations of Various Commentators: Comprehending a Life of the Poet, and an Enlarged History of the Stage, by the Late Edmond Malon*e, (1821). [Included in EAS]

丸山岳彦・秋元祐哉(2008)『「現代日本語書き言葉均衡コーパス」におけるサンプル構成比の算出法(2)—コーパスの設計とサンプルの無作為抽出法—』 国立国語研究所内部報告書(LR-CCG-O7–01).

Masui, Michio. (1964) *The Structure of Chaucer's Rime Words: An Exploration into the Poetic Language of Chaucer*. 研究社.

Masui, Michio. (1967) A Mode of Word-Meaning in Chaucer's Language of Love.『英文学研究』(英文号) pp. 113–126. 日本英文学会.

Matsumoto, Hiroyuki. (ed.) (2007) *A Lemmatized Concordance to Lydgate's Troy Book*. 松柏社.

McBride, Christopher. (1998) A Collocational Approach to Semantic Change: The Case of *worship* and *honour* in Malory and Spenser. *Language and Literature* 7 (1): 5–19. London: SAGE Publications.

McIntosh, Angus. (1966) Patterns and Ranges. Angus McIntosh and M. A. K. Halliday (eds.) *Patterns of Language: Papers in General, Descriptive and Applied Linguistics*, pp. 183–199. London: Longman.

[MED] *Middle English Dictionary*. Hans Kurath, Sherman M. Kuhn, John Reidy and Robert E. Lewis (eds.). 1952–2001. Ann Arbor: University of Michigan Press.

Meillet, Antoine. (1912) L'évolution des Formes Grammaticales. *Scientia* (Rivista di Scienza) 12, no. 26, 6. Reprinted in Antoine Meillet (1921) *Linguistique Historique et Linguistique Générale*, pp. 130–148. Paris: Champion.

Méndez-Naya, Belén. (2003) On Intensifiers and Grammaticalization: The Case of *Swipe*. *English Studies* 84 (4): 372–391.

Méndez-Naya, Belén. (2008) On the History of *Downright*. *English Language and Linguistics* 12 (2): 267–287.

宮下博幸（2006）「文法化研究とは何か」Cercle linguistique de Waseda（ed.）*Travaux du Cercle Linguistique de Waseda*. Vol. 10: 20–47. 〈www.venus.dti.ne.jp/~kaisaki/gengoken/pdf/vol10/10miyashita.pdf〉(2008.10.09)

Moon, Rosamund. (1994) The Analysis of Fixed Expression in Text. Malcolm Coulthard (ed.) *Advances in Written Text Analysis*, pp. 117–135. London: Routledge.

Moon, Rosamund. (1998) *Fixed Expressions and Idioms in English: A Corpus-Based Approach*. Oxford: Clarendon Press.

Murray, Dinah. (1979) Well. *Linguistic Inquiry* 10 (4): 727–732.

Mustanoja, Tauno F. (1960) *A Middle English Syntax. Part 1: Parts of Speech*. Helsinki: Société Néophilologique.

Nakaoka, Hiroshi. (1983) *A Concordance to Wuthering Heights*. 開文社出版.

Nevalainen, Terttu. (1994) Aspects of Adverbial Change in Early Modern English. Dieter Kastovsky (ed.) *Studies in Early Modern English*, pp. 243–259. Berlin: Mouton de Gruyter.

Nevalainen, Terttu. (1996) Three Aspects on Grammaticalization: Lexico-Grammar, Corpora and Historical Sociolinguistics. Hans Lindguist and Christian Mair (eds.) *Corpus Approaches to Grammaticalization in English*, pp. 1–31. Amsterdam: John Benjamins.

Nevalainen, Terttu. (1999) Early Modern English Lexis and Semantics. Roger Lass (ed.) *The Cambridge History of the English Language. Vol. 3: 1476–1776*, pp. 332–458. Cambridge: Cambridge University Press.

Nevalainen, Terttu. (2008) Social Variation in Intensifier Use: Constraint on *-ly* Adverbialization in the Past? *English Language and Linguistics* 12 (2): 289–315.

Nevalainen, Terttu and Matti Rissanen. (2002) *Fairly Pretty or Pretty Fair?* On the Development and Grammaticalization of English Downtoners. *Language Sciences* 24 (3/4): 359–380.

西村秀夫 (1994)「Helsinki Corpus に見る強意副詞」『英語コーパス研究』1: 7–18.

Nishimura, Hideo. (2002) Degree Adverbs in the Corpus of Early English Correspondence Sampler. Toshio Saito, Junsaku Nakamura and Shunji Yamazaki (eds.) *English Corpus Linguistics in Japan*, pp. 183–193. Amsterdam: Rodopi.

西村秀夫 (2009)「PPCME2, PPCEME に見る強意副詞」渡部眞一郎・細谷行輝編『英語フィロロジーとコーパス研究』pp. 101–119. 松柏社.

[OED] *The Oxford English Dictionary*. Second edition, prepared by John A. Simpson and Edmund S. C. Weiner. 1989. Oxford: Clarendon Press.

小木曽智信・小椋秀樹・伝康晴 (2007)「日本語研究に適した形態素解析ソフトウェアー『UniDic』と『茶まめ』ー」『日本語学会 2007 年度秋季大会予稿集』pp.255–262.

小椋秀樹 (2009)「コーパスのための形態論情報」『国文学解釈と鑑賞』74 (1): 26–34.

小椋秀樹・小磯花絵・冨士池優美・原裕 (2008)『「現代日本語書き言葉均衡コーパス」形態論情報規定集』国立国語研究所内部報告書 (LR-CCG-07–04).

大堀壽夫 (2004)「文法化の広がりと問題点」『言語』33 (4) : 26–33.

Oizumi, Akio. (1971) On Collocated Words in Chaucer's Translation of 'Le Livre de Mellibee et Prudence': A Stylistic Comparison of the English Translation with French Version.『英文学研究』48 (1) : 95–108. 日本英文学会.

Onions, Charles T. (1986) *A Shakespeare Glossary*. Third edition, enlarged and revised throughout by Robert D. Eagleson. Oxford: Clarendon Press.

Osberg, Richard H. (1985) Collocation and Theme in the Middle English Lyric 'Foweles in þe Frith.' *Modern Language Quarterly* 46 (2): 115–127.

Osgood, Charles G. (1963) *A Concordance to the Poems of Edmund Spenser*. Washington: Peter Smith.

Osgood, Charles G. and Henry Lotspeich. (eds.) (1947) *The Works of Edmund Spenser: The Minor Poems*. Part One and Part Two. Variorum edition. Baltimore: The Johns Hopkins Press.

Owen, Marion. (1981) Conversational Units and the Use of 'WELL ...' Paul Werth (ed.) *Conversation and Discourse: Structure and Interpretation*, pp. 99 –116. London: Croom Helm.

Palander-Collin, Minna. (1999) *Grammaticalization and Social Embedding: I THINK and METHINKS in Middle English and Early Modern English*. Helsinki: Société Néophilologique.

Paradis, Carita. (1997) *Degree Modifiers of Adjectives in Spoken British English*. Lund: Lund University Press.

Paradis, Carita. (2000) *It's Well Weird*. Degree Modifiers of Adjectives Revisited: The Nineties. John Kirk (ed.) *Corpora Galore: Analyses and Techniques in Describing English*, pp. 147–160. Amsterdam: Rodopi.

Paradis, Carita. (2008) Configurations, Construals and Change: Expressions of DEGREE. *English Language and Linguistics* 12 (2): 317–343.

Partington, Alan. (1993) Corpus Evidence of Language Change: The Case of the Intensifier. Mona Baker, Gill Francis and Elena Tognini-Bonelli (eds.) *Text and Technology: In Honour of John Sinclair*, pp. 177–192. Amsterdam: John Benjamins.

Partington, Alan. (1995) Kicking the Habit: The Exploitation of Collocation in Literature and Humour. Jonathan A. Payne (ed.) *Linguistic Approaches to Literature: Papers in Literary Stylistics*, pp. 25–44. Birmingham: University of Birmingham, English Language Research.

Partington, Alan. (1998) *Patterns and Meanings: Using Corpora for English Language Research and Teaching*. Amsterdam: John Benjamins.

Peters, Hans. (1993) *Die englischen Gradadverbien der Kategorie* booster. Tübingen: Gunter Narr Verlag.

Peters, Hans. (1994) Degree Adverbs in Early Modern English. Dieter Kastovsky (ed.) *Studies in Early Modern English*, pp. 269–288. Berlin: Mouton de Gruyter.

[Q] *A Facsimile Series of Shakespeare Quartos: Containing All the Pre-Folio Editions in Which Are Included the Griggs-Praetorius Facsimiles*. Issued under the Supervision of T. Ôtsuka. (1975) 南雲堂.

Quirk, Randolph, Sydney Greenbaum, Geoffrey Leech and Jan Svartvik. (1985) *A Comprehensive Grammar of the English Language*. London: Longman.

Renouf, Antoinette and John Sinclair. (1991) Collocational Frameworks in English. Katrin Aijmer and Bengt Altenberg (eds.) *English Corpus Linguistics: Studies in Honour of Jan Svartvik*, pp. 129–143. London: Longman.

Rickford, John R., Thomas Wasow, Arnold Zwicky and Isabelle Buchstaller. (2007) Intensive and Quotative *All*: Something Old, Something New. *American Speech* 82 (1): 3–31.

Rissanen, Matti (2008) From 'Quickly' to 'Fairly': on the History of *Rather*. *English Language and Linguistics* 12 (2): 345–359.

[Riverside] *The Riverside Shakespeare*. Second edition edited by G. Blakemore Evans *et al.* (1997) New York: Houghton Mifflin.

Rowe, Nicholas and Charles Gildon. (eds.) (1709–10) *The Works of Mr. William Shakespeare; in Sex* [Seven] Volumes. London. [Included in EAS]

齊藤俊雄 (2006)「The Penn-Helsinki Parsed Corpus of Early Modern English を検索して」『英語史研究会会報 (研究ノート)』pp.7–12.

Schiffrin, Deborah. (1985) Conversational Coherence: The Role of *Well*. *Language* 61 (3): 649–667.

Schiffrin, Deborah. (1987) *Discourse Markers*. Cambridge: Cambridge University Press.

Schourup, Lawrence. (1999) Shakespeare's *Well*.『女子大文学（外国文学篇）』51: 83–115. 大阪女子大学英文学科.

Shen, Yeshayahu. (1987) On the Structure and Understanding of Poetic Oxymoron. *Poetics Today*. 8 (1): 105–122.

Shomura, Tetsuji. (1977) Modes of Meaning of Chaucer's 'Noble storie'—A Collocational Approach.『熊本商大論集』50: 53–75. 熊本商科大学.

Simpson, Paul. (1997) *Language through Literature: An Introduction*. London: Routledge.

Sinclair, John M. (1966) Beginning the Study of Lexis. Charles E. Bazell, John C. Catford, M. A. K. Halliday and Robert H. Robins (eds.) *In Memory of J. R. Firth*, pp. 410–430. London: Longman.

Sinclair, John M. (ed.) (1987) *Looking Up*. London: Collins ELT.

Sinclair, John M. (1991) *Corpus, Concordance, Collocation*. Oxford: Oxford University Press.

Sinclair, John M. (1992) Trust the Text. Martin Davies and Louise Ravelli (eds.) *Advances in Systemic Linguistics*, pp. 5–19. London: Pinter.

Sinclair, John M, Susan Jones and Robert Daley. (1970) *English Lexical Studies: Report to OSTI on Project C/LP/08*. Birmingham: Department of English, the University of Birmingham.

Singleton, David. (2000) *Language and the Lexicon: An Introduction*. London: Arnold.

Sørensen, Knud. (1980) From Postmodification to Premodification. Sven Jacobson (ed.) *Papers from the Scandinavian Symposium on Syntactic Variation, Stockholm, May 18–19, 1979*. pp. 77–84. Stockholm: Almqvist & Wiksell International.

Spackman, I. J., W. R. Owens and P. N. Furbank. (1987) *A KWIC Concordance to Daniel Defoe's Robinson Crusoe*. New York: Garland.

Spevack, Marvin. (ed.) (1973) *The Harvard Concordance to Shakespeare.* Hildesheim: Georg Olms.

Stein, Dieter. (1985a) Perspectives on Historical Pragmatics. *Folia Linguistica Historica* 6 (2): 347–355.

Stein, Dieter. (1985b) Discourse Markers in Early Modern English. Roger Eaton, Olga Fischer, Willem Koopman and Frederike van der Leek (eds.) *Papers from the 4th International Conference on English Historical Linguistics*, pp. 283–302. Amsterdam: John Benjamins.

Stenström, Anna-Britta (1999) *He Was Really Gormless — She's Bloody Crap*: Girls, Boys and Intensifiers. Hilde Hasselgård and Signe Olesfjell (eds.) *Out of Corpora: Studies in Honour of Stig Johansson*, pp. 69–78. Amsterdam: Rodopi.

Stenström, Anna-Britta. (2000) *It's Enough Funny, Man*: Intensifiers in Teenage Talk. John Kirk (ed.) *Corpora Galore: Analyses and Techniques in Describing English,* pp. 177–190. Amsterdam: Rodopi.

Stoffel, C. (1901) *Intensives and Downtoners: A Study in English Adverbs.* Heldelberg: Carl Winter.

Stubbs, Michael. (1995a) Collocations and Semantic Profiles: On the Cause of the Trouble with Quantitative Methods. *Functions of Language* 2 (1): 23–55.

Stubbs, Michael. (1995b) Corpus Evidence for Norms of Lexical Collocation. Guy Cook and Barbara Seidlhofer (eds.) *Principle and Practice in Applied Linguistics: Studies in Honour of H. G. Widdowson*, pp. 243–256. Oxford: Oxford University Press.

Stubbs, Michael. (1996) *Text and Corpus Analysis: Computer-Assisted Studies of Language and Culture*. Oxford: Blackwell.

Stubbs, Michael. (2001) *Words and Phrases: Corpus Studies of Lexical Semantics.* Oxford: Blackwell.

Sugden, Herbert W. (1936) *The Grammar of Spenser's 'Faerie Queene'.* Philadelphia:

University of Pennsylvania for Linguistic Society of America

Svartvik, Jan. (1980) *Well* in Conversation. Sydney Greenbaum, Geoffrey Leech and Jan Svartvik (eds.) *Studies in English Linguistics for Randolph Quirk*, pp. 167–177. London: Longman.

Tagliamonte, Sali A. (2008) So Different and Pretty Cool! Recycling Intensifiers in Toronto, Canada. *English Language and Linguistics* 12 (2): 361–394.

Tagliamonte Sali A. and Rika Ito. (2002) Think Really Different: Continuity and Specialization in the English Dual Form Adverbs. *Journal of Sociolinguistics* 6 (2): 226–266.

Tagliamonte, Sali A. and Chris Roberts. (2005) *So Weird; So Cool; So Innovative*: The Use of Intensifiers in the Television Series *Friends*. *American Speech* 80 (3): 280–300.

Takahashi, Hisashi.（1957）Verb-Adverb Combination in Chaucer's *Canterbury Tales*. 山本忠雄先生学士院賞受賞記念論文集刊行委員会編『英語英文学研究—山本忠雄先生学士院賞受賞記念』pp. 241–252. 研究社.

Traugott, Elizabeth C. (1982) From Propositional to Textual and Expressive Meanings: Some Semantic-Pragmatic Aspects of Grammaticalization. Winfred P. Lehmann and Yakov Malkiel (eds.) *Perspectives on Historical Linguistics*, pp. 245–271. Amsterdam: John Benjamins.

Traugott, Elizabeth C. (1995) The Role of the Development of Discourse Markers in a Theory of Grammaticalization. Paper presented at the 12th International Conference on Historical Linguistics, Manchester, August 1995, Version of 11/97. 〈www.stanford.edu/~traugott/papers/discourse.pdf〉 2009.01.03.

Traugott, Elizabeth C. (2006) The Semantic Development of Scalar Focus Modifiers. Ans van Kemenade and Bettelou Los (eds.) *The Handbook of the History of English*, pp. 335–359. Oxford: Blackwell.

Traugott, Elizabeth C. and Ekkehard König. (1991) The Semantics and Pragmatics of Grammaticalization Revisited. Elizabeth C. Traugott and Bernd

Heine (eds.) *Approaches to Grammaticalization*. Vol. 1, pp. 189–218. Amsterdam: John Benjamins.

Ungerer, Friedrich and Hans-Jörg Schmid. (1996) *An Introduction to Cognitive Linguistics*. London: Longman.

van Buren, Paul. (1967) Preliminary Aspects of Mechanisation in Lexis. *Cahiers de Lexicologie* 11: 89–111; 12: 71–84.

Varantola, Krista. (1983) Premodification vs. Postmodification and Chain Compound Structures. Sven Jacobson (ed.) *Papers from the Second Scandinavian Symposium on Syntactic Variation, Stockholm, May 15–16, 1982*. pp. 75–82. Stockholm: Almqvist & Wiksell International.

和田勇一・福田昇八訳(2005)『エドマンド・スペンサー 妖精の女王』ちくま文庫.

Wales, Katie. (2001) *A Dictionary of Stylistics*. Second edition. Harlow: Pearson Education.

渡辺実(1997)『日本語史要説』岩波書店.

Watson, George. (ed.) (1969–74) *The New Cambridge Bibliography of English Literature*. Cambridge: Cambridge University Press.

Watt, Ian. (1957) *The Rise of the Novel*. Harmondsworth: Penguin Books.

山口昌也(2007)「全文検索システム『ひまわり』を利用した言語資料検索環境の構築手法」『日本語科学』21: 111–123.

Yamamoto, Tadao. (1958) On Collocated Words in Shakespeare's Plays. *Anglica* 3 (3): 17–29.

索引

M

N

P

Q

R

S

T

U

V

W

Y

あ

い

か

き

く

け

こ

し

せ

そ

た

ち

て

と

に

は

ひ

ふ

へ

ま

む

め

よ

執筆者紹介 論文掲載順

堀 正広（ほり まさひろ）

熊本学園大学外国語学部教授。
専攻は英語学・英語文体論。著書に、*Investigating Dickens' Style: A Collocational Analysis* (Palgrave Macmillan 2004、2005年度英語コーパス学会賞)、『英語コロケーション研究入門』(研究社 2009)。編著に、*Stylistic Studies of Literature: In Honour of Dr. Hiroyuki Ito* (Peter Lang 2009)。共著に、『ライティングのための英文法ハンドブック』(研究社 2008)などがある。

浮網茂信（ふあみ しげのぶ）

大阪大谷大学文学部教授。
専攻は英語学・英語文体論。著書・論文に、「シェイクスピアの三人称単数動詞語尾 -th/-s 再考—初期近代英語の社会言語学的イメージを求めて」『独創と冒険』(英宝社 2001)、*Essays on Shakespeare's Language: Language, Discourse and Text* (Apollon-sha 1997)、「シェイクスピアの強調表現と女性」『英語青年』(1992) などがある。

西村秀夫（にしむら ひでお）

姫路獨協大学外国語学部教授。
専攻は英語学(英語史・コーパス言語学)。論文に、「PPCME2, PPCEME に見る強意副詞」渡部眞一郎・細谷行輝編『英語フィロロジーとコーパス研究』(松柏社 2009)、"Decline of Multiple Negation Revisited" Yoko Iyeiri (ed.) *Aspects of English Negation* (John Benjamins / Yushodo Press 2005)。共著に、齊藤俊雄他編『英語コーパス言語学—基礎と実践 改訂新版』(研究社 2005)、西光義弘編『日英語対照による英語学概論 増補版』(くろしお出版 1999)などがある。

小迫 勝（こさこ まさる）

岡山大学名誉教授。
専攻は英語学・英語文体論。論文に、「アマゾンの女王・ラディガンドのエピソードにおける女性韻」『英語コーパス研究』14(2007)、“Double Syntax in *The Faerie Queene* : as a Bearer of Allegory”『英語英文学研究』(英宝社 1993)。共著に、『ワードパル和英辞典』(小学館 2000) などがある。

前川喜久雄（まえかわ きくお）

大学共同利用機関法人人間文化研究機構 国立国語研究所 言語資源研究系系長・教授。
著書・論文に、『岩波講座言語の科学２　音声』(分担執筆)(岩波書店 1998)、*The Oxford Handbook of Japanese Linguistics*(分担執筆)。共著に、「音声はパラ言語情報をいかに伝えるか」『認知科学』9(6)(2002)などがある。

ひつじ研究叢書〈言語編〉第74巻

コロケーションの通時的研究—英語・日本語研究の新たな試み

発行　2009年11月10日　初版1刷

定価　4200円＋税

発行者　松本 功

本文フォーマット　向井裕一（glyph）

組版者　内山彰議（4&4,2）

印刷製本所　株式会社 シナノ

発行所　株式会社 ひつじ書房

〒112-0011 東京都文京区千石 2-1-2 大和ビル2階

Tel.03-5319-4916 Fax.03-5319-4917

郵便振替 00120-8-142852

toiawase@hituzi.co.jp　http://www.hituzi.co.jp

ISBN978-4-89476-443-9